AFRICA

孤独的时候
我们去非洲

AFRICA:

THE PATH TO HUMANITY

芦淼

著

湖南文艺出版社
HUNAN LITERATURE AND ART PUBLISHING HOUSE

博集天卷
CS-BOOKY

图书在版编目（CIP）数据

孤独的时候我们去非洲 / 芦淼著. —长沙：湖南文艺出版社，2016.5
ISBN 978-7-5404-7421-8

Ⅰ.①孤… Ⅱ.①芦… Ⅲ.①游记－作品集－中国－当代 Ⅳ.①I267.4

中国版本图书馆CIP数据核字（2015）第310916号

上架建议：旅行随笔·散文

GUDU DE SHIHOU WOMEN QU FEIZHOU

孤独的时候我们去非洲

作　　者：芦　淼
出 版 人：刘清华
责任编辑：薛　健　刘诗哲
监　　制：蔡明菲　潘　良
特约策划：董晓磊
特约编辑：苗方琴
营销支持：李　群
封面插图：付　璐
版式设计：李　洁
封面设计：壹　诺
出版发行：湖南文艺出版社
　　　　　（长沙市雨花区东二环一段508号 邮编：410014）
网　　址：www.hnwy.net
印　　刷：北京缤索印刷有限公司
经　　销：新华书店
开　　本：700mm×1000mm　1/16
字　　数：240千字
印　　张：16
版　　次：2016年5月第1版
印　　次：2016年5月第1次印刷
书　　号：ISBN 978-7-5404-7421-8
定　　价：38.00元

质量监督电话：010-59096394
团购电话：010-59320018

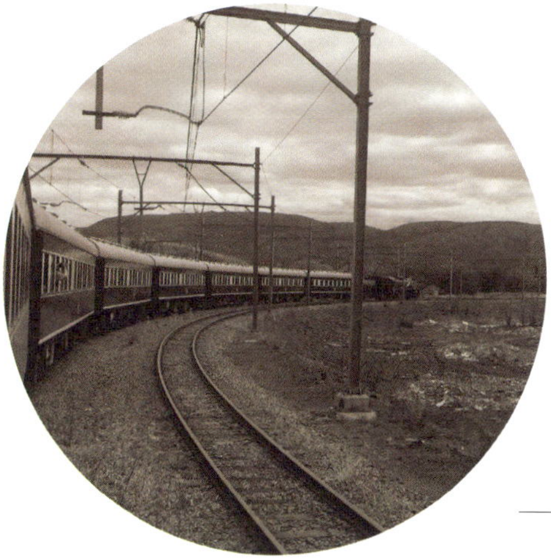

摇篮

前言 | Preface

谈及旅游，我总喜欢把自己的目的地定得越小越好。

就像千禧年之前有次和朋友坐电梯，听到里面一个做买卖的小商人拿着当时无比拉风的大哥大手机大声呼喊：喂，喂？欧洲那批货怎么样了？什么，要晚到？那美洲那批货呢？告诉他们赶紧从澳大利亚调过去……

当时电梯里其余诸人都对他投以艳羡的目光。我和朋友对视一下，悄悄打开自己的手机看了看：果然如我们所想，电梯里没有手机信号覆盖，移动和联通的都没有。

那次事情之后我俩得出一个结论：越是把地名说得大的，其实本事就越是小。满口亚洲、非洲、欧洲，从不说"我家在森林里有个宅子"而说"我家宅子里有个森林"的人，眼界很可能只是刚刚走出村头而已。

真正的旅行者，不喜欢用地名来提高自己的身价。他们可能会淡淡地说起：上次去Da Michele（位于那不勒斯的一家比萨店）的时候买到的比萨居然有点破边，肯定是烘得过了火；或者是老海军部门口那只铁锚其实很有历史感，等等。听的人要么完全不知所以，要么露出会心的微笑。

但是对于非洲，不一样。

谈到非洲的时候，你完全无法再用小地名来描述。

我曾经去过海明威在哈瓦那的家——现在那里已经被改建成了博物馆。平时去的人不多，往往只有一个管理员懒散地坐在大厅里，偶尔站起来漫不经心地四处巡视一下。

林中的羚羊

但那位伟大作家的灵魂依旧凝固在那里。在空荡荡的客厅里，在沉甸甸的藏品中，久久不散。

站在门外，看着客厅里陈列的鹿头、匕首和动物皮毛，可以想见当年这位硬汉是如何坐在这里，骄傲地向朋友们展示他的战利品。那把似乎依旧有着血腥味的匕首，见证了他和非洲酋长之子的友谊。墙上那张斑驳的地图，述说着他如何一步步踏出非洲丛林的艰难，又或者在加勒比海的烈日与海风里，他是如何坐在桌子旁听着涛声静静写出那部《乞力马扎罗的雪》。

当你看完这一切，记住的可能会是"非洲"——这是一个旅行者绕不过去的大概念。所有的旅人，无论是老手还是新手都知道，如果你不想让听众发出那种敷衍的"哦哦"或者"呵呵"，最好在一开始就把自己准备谈及的那些具体国名换成"非洲"二字。

这不仅仅是海明威在哈瓦那庄园大厅里的分享，还应该是每个旅行者的体悟。

非洲太大了。大到任何人都无法绕过它。从北非到南非，从地中海到好望角，它横跨南北半球，将赤道作为绶带挂于胸前。

非洲太陌生了。我们坐在家里，自诩放眼天下、心怀全球，但究竟能说出几个非洲国家的名字？在那些能说出名字的国家里，总统是谁，历史如何，几人知晓？更不要提几年来非洲又是如何动荡不断、战火频仍，天灾人祸此起彼伏。

非洲太远了。远到我们其实对那里发生的事情漠不关心。当一个德国朋友说起坦桑尼亚曾是德国殖民地的时候，我的第一反应是：坦桑尼亚难道不是一直就是个独立国家吗？而且还是中国在非洲最好的伙伴，它怎么可能是殖民地呢？中国难道没有伸出援手？

非洲太落后了。当离开政治书上的考题"南南合作"，踏上非洲这片土地时，你才会发现，它的贫瘠超乎想象。当你进入非洲某地，准备像在欧洲或美国那样享受每分钟0.39元的国际漫游资费或是一天20元的无限量流量时，却愕然接到短信告知"国际漫游通话费每分钟29.99元"，或者干脆就是赤裸裸的三个字——"无服务"。

每天晚上，等在首都机场准备前往非洲的人满坑满谷。他们穿着自己最好的衣服，却掩盖不了去出卖体力的事实。非洲急需建设，中国工人作为基建大军，大量拥入非洲。然后，就像一滴水落在干涸的沙地上，飞快地没了。

尽管很多人都去过非洲，但我想，很少有人能够说自己了解了非洲。

热爱摄影的人将非洲视为圣地。他们喜欢扛着各种昂贵的设备，勇敢地走进国家公园，近距离抓拍野生动物的美妙瞬间。每年动物大迁徙的时候，肯尼亚和坦桑尼亚都游人如织。去肯尼亚的摄影旅游团，3万元起价，从不打折。

羚羊

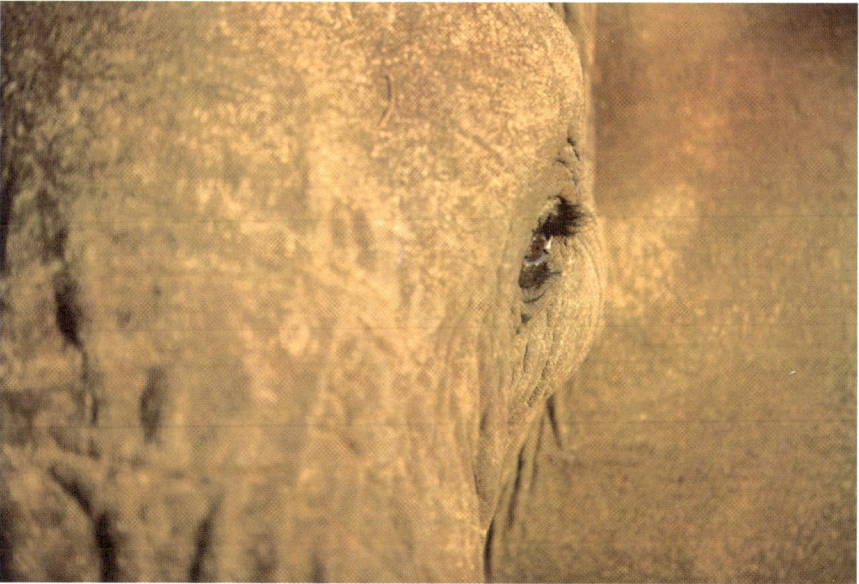

007

象眼

那些喜爱钻石的人，抱着"产地的东西必然便宜"这一想法，拥入南非，然后在钻石商店一掷千金，被当地商人视为最爱的大豪客。

那些被《动物世界》《国家地理》和BBC的纪录片感动的人，喜欢在自家那或大或小的电视机前，看着网上下载的高清影片，然后感叹：世界之大，无奇不有，精彩瞬间，尽在掌握，并生出一种"指点江山，激扬文字，粪土当年万户侯"的豪情。

还有更多人，就是单纯而无端地喜欢"非洲"这个词。他们翻看着那些摄影爱好者拍回来的照片，感叹"好漂亮的一片土地，有生之年 / 再过两年我一定要去一趟"。然后讨论自己去的时候行程该如何设计，器材该如何添置。然后，就没有然后了。

这些人会依旧忙碌在城市里，日复一日做着重复乏味的工作，任凭时间把自己小小的非洲梦磨去棱角，渐渐地，打成粉末。

实际上，我也曾经是这些人中的一员。

我曾经踏足过埃及。踩着滚烫的沙子，看着汹涌的尼罗河，数着金字塔的层数，以为自己就到了非洲。

但其实就像之前所说，非洲是个谁也绕不过去的大概念。只有当你在向其他人描述自己的旅程时，发现不得不用"非洲"这个词才能说明时，你才算到过了非洲。

我认识的不少人都去过非洲。他们给我的感觉是，每个人对非洲的描述都不尽相同。

有位老先生曾经对我说，他在达累斯萨拉姆的港口钓过鱼。那里的鱼非常大，也特别好吃。

我傻傻地问：一个港口，怎么可能钓起那么大的鱼？或者说，那些鱼怎么可能等到你去钓，不是早该被当地渔民钓光了吗？

老先生说：哦，我是在军港里钓的。渔民进不去。

我问：凭什么您能去军港钓鱼？

他得意地对我说：这有什么，整个坦桑尼亚的海军差不多都是中国援助的。那些驱逐舰什么的，全是中国船。

言外之意，你还小，这些事你是不懂的。

于是我留下了中国人在那边非常有地位的印象。

我还曾经听说，有个人在那边做外交官，却得了昏睡症。说不清是不是被《蓝精灵》里那种紫苍蝇叮了，最后人被运回了国，但从此沉睡不醒。

从此，我留下了非洲很危险的印象。

还有一次，我在工作中处理过一篇罗红的访谈。记得当时配发的照片是罗红一个人孤独地走在非洲原野上，身旁是野草，远处是动物，背后还背着一只长长的长焦镜头。

那只镜头后来我查了，最少也要20万元。

从此有了个印象：非洲是拍动物的好地方，但要去的话，一要能负重走路，二要不怕死，三要至少能负担得起昂贵的镜头。

机警的狐獴

至于那些被"二道贩子"贩来的概念，就不赘述了。他们多半是从已经被好莱坞重新包装过的概念中，攫取关于非洲的只鳞片爪。喜欢非洲舞蹈或是非洲音乐的，多是此类。想想也知道，纯粹的非洲艺术，哪里会用那么大精力包装推广，再远渡重洋来到中国？那些靠着旅游者的感动而自发进行的传播源自爱好，却难长久。

在去非洲前，我就像一个面对诸多盲人的倾听者，从他们的描述中拼凑对大象的感觉。

直到这次旅行成行，我才发现，我也成了盲人中的一员。

我同样以自己的眼光去发现并描述非洲。希图从我的描述中得到一个"公平、公正、公开"的非洲印象的人，可能要失望了。非洲是如此之大，以至于我也只能按照自己的眼光，用镜头去尽可能表达我对非洲的理解。

毕竟这是一片古老而复杂的土地。她孕育了生命，也孕育了死亡。她送走了自己的孩子，也迎回了自己的孩子。她给予孩子们天赐的财富，却未想到过这些财富带来的苦难和掠夺。她给了文明兴起的机会，却也坐视了它们的衰亡。她教会了人们勤劳与勇敢，也教会了他们欺诈和狡猾。她给了动物一片自由繁衍生息的空间，却又让人类渐渐夺走这片净土和家园。

就像数学里的一个概念：单纯的一个平面，永不可能构筑起一个立体图形；而从不同角度去看一个立体图形，却能够将其切为种种不同的平面。

在距今300万年前的某天，遥远的埃塞俄比亚高原上，一个雌性猿人在孤独地行走。

尽管没有特别注意过，但她意识到，猿人都是会死的。一只看不见的手在她出生时就按下了秒表的倒计时按钮。她必须在自己的有生之年，完成一系列的任务。在有限的生命里，她出生并成长。她跟着其他的猿人学习捕猎、学习保护自己。她找了个丈夫，或许还不止一个。

当她倒下的时候，她觉得很遗憾：因为最后一项任务，她完全不知道该如何去完成。而且，死神已然临近，她再没有时间了。

那项任务叫：影响世界。

后来，她被叫作露茜。

她被认为是世界上最古老的猿人。

我们每个人的身体里，都或多或少地有她的基因。

她的孩子们一代代地成长。他们变得更加高大、强壮、聪明。他们学会了如何用火，学会了如何做工具。他们学会了分工，学会了协作，同时也学会了战争。渐渐地，他们不满足于日复一日只在出生地附近生活。他们用双手和双脚，渡过大洋，走出非洲。他们渐渐明白了，肉是香的，酒是辣的。他们创立了宗教，学会了贸易，了解了让自身文明繁荣起来的秘诀。

他们有了船和帆。后来，他们甚至有了蒸汽机和核动力。他们把自己的同伴送入大海和天空，因为他们想看看大海深处和星星上面有什么。

但露茜所在的地方，却终于沉寂下来。

康斯坦丁·齐奥尔科夫斯基曾经说过："地球是人类的摇篮，但人不能总是躺在摇篮里面。"他是运载火箭之父，有资格这样说。但他也是露茜的孩子。他的血管里，也有着露茜的DNA。

当我们把眼光投向足够远的远方时，其实也不妨回头看看当年孕育我们基因最早特征的那片土地。

看看那个名为"非洲"的人类摇篮。

附

走入非洲之前

兵马未动，粮草先行。穷游是种很好的理念，但未必适合所有的旅程。

不管怎么说，非洲还是个未被完全开发的地方。举凡动物、植物或天气等物质条件，的确与国内不同。而且由于经济不发达，那里很多地方的条件都比较艰苦。所以在旅行之前，必须要进行必要的准备工作。如果你没有救援车随行，或者没有某些"强有力"的支持，以下的事项最好尽可能准备得充分一些。

1. 签证手续

对于常出国的人来说，签证应该不是大问题，尤其是对拥有良好签证记录的旅行者而言。然而，非洲很多国家的审批非常缓慢。所以一定要做好签证的准备工作。并不是每个国家都像美国或是申根国家那样可以在规定的三五个工作日之内归还护照。非洲各国的签证并不互认。必须严格按照行程来申请签证，有时候为了保险起见，尽可能多申请几天。

很多非洲国家的使领馆也知道自己的审批时间较长，所以在审批签证的时候并不会收走护照，但也有些国家会把护照收上去审批。这就必须要提前做好计划，免得最后拒签时产生麻烦。

此外，对于可能产生的重复入境问题，一定要事先打听好。例如，在津巴布韦和赞比亚国境线上的国家公园，如果准备徒步的话，很可能就会产生重复入境的问题。这种情况下，一定要申请多次入境签证。当然，如果你是通过旅行社来进行签证申请，多付点儿钱交给他们代办可以省去很多麻烦。

需要提醒的是，非洲国家的签证要求总是在不断变化的。虽说那种签发了签证以后政府倒台的事情不太会发生，而且就算真有内乱，那些国家也会早早就被标记为不适宜旅游，但提前半年去了解签证政策，然后提前三个月左右开始申请签证，会是一个比较理想的时间计划。

某些国家的签证需要信用卡记录。这种情况下最好提前几个月就申请一张国际信用卡。

2. 预防措施

根据地球生物发展进化的历史，人类对和自己并非一纪的生物会有一种天然的恐惧和陌生。为什么我们会恐惧那些黏糊糊的冷血动物？在形容坏人时总会说他们"冷血"？那是因为冷血动物的出现时间远在人类之前。我们从基因上就不认同它们的存在，因此在看到蜥蜴或是鳄鱼时总会觉得有种恐惧，而大眼睛的哺乳动物却总会让人觉得萌萌哒。

无论动物还是植物，非洲原始丛林里的东西总会突破人们观念的极限。自然环境的封闭式变迁外加现代文明的破坏性侵入，使其物种变化的复杂程度超乎想象。美国大片里最喜欢拍的就是非洲丛林里的动物，从吸血蝙蝠到鳄鱼再到巨蟒，都是好莱坞的最爱。然而，这些电视里常见的东西其实并不是最大的威胁。

每个人对危险的判断都不一样。但与其期待当地医疗急救手段的下限，不如期待自己准备工作的上限。不要寄希望于每个村落都有医疗队。很多时候，巫医都已经是现代化的表现。

常用药品，无论是外用的或是内服的，都是必须准备的东西。常用药必须带足够的量。处方药最好配上医生处方，药盒上要有英文标志。虽然海关检查并不严格，但是药品、香烟和现金往往是他们检查的重点。

接种黄热病疫苗是必备的，最好提前几个月注射。不要觉得提前注射了就好像亏了几个月。这东西不像买电器，过期一天就不再保修。它能保你10年安全，提早注射，万一出现问题也好在国内解决。在很多国家入境时都要看注射疫苗的证明——黄皮书。

某些国家也是疟疾和霍乱的高发区。具体的区域可以参照国际旅行卫生保健中心的疫情通报。但总体来说，越乱的国家，这些疾病的发病率就越高。

有过敏、哮喘或是其他急性应激反应的人，记得要带上必备的急救药品。如果在非洲草原上忽然出了麻烦，就算你的医疗保险里涵盖急救直升机或其他高大上的交通工具，但其实际速度恐怕也比驴子快不了多少。

在过去，中国远销非洲最好的商品一是自行车，二是清凉油。大城市里还好些，如果出到野外，各类蚊虫恐怕会是你挥之不去的噩梦。有条件的话，尽可能多带驱蚊剂。蚊帐就算了,非洲的酒店里很少有可以挂蚊帐的床,而如果蚊子的确太多,酒店会主动替你准备蚊帐的。

3. 货币策略

在非洲旅行,足量的小额美元和一张国际信用卡是必需的。携带大量现金在出入海关时会有麻烦。如果没有申报,很可能在出关时被没收,最严重的情况可能会面临牢狱之灾。但这点通常还好,因为在非洲很多国家,单纯的旅行者就算有大笔现金也没什么东西可买,如果你不打算走私文物或是宝石的话。

小额美元是用来付小费的。因为各国货币并不通用,而且在离境时兑换掉手里的当地货币相当麻烦,所以要尽可能减少手中所持的当地货币。

当然,如果准备在一个地方长住,换些当地钱还是有好处的。至少可以不用让你那么像一个外来客。只是如果不能找到合适的兑换所,汇率上的损失是必须要承担的了。

退税的问题在发达国家经常会遇到。理论上来说,之所以会有退税的问题存在,是因为你在该国购买东西时已经付了税金,但实际上不会在那个国家消费这件东西,所以当你离开时理所当然可以取回自己已经付出的税金。但从实际上来说,除了有数的几个国家,退税是件遥遥无期的事情。条件很苛刻,手续很繁杂,总之是诸多不便。再加上能够提供退税单据的正经商家的价格说不定已经兑了很大水分,所以还不如把退税这件事干脆忘掉。

需要注意的是,各个国家对外汇的管制程度是不同的。有些国家可以自由兑换,有些国家则只能在指定的地方进行兑换。

国际信用卡是旅行时的必备之物,尤其是很多银行现在开始发行终身免除货币兑换手续费的信用卡,这对国际游客来说毫无疑问是个福音。再加上现在开始使用芯片式的信用卡,安全度会比以前好很多。但总体来说,信用卡盗刷现象还是屡见不鲜。所以除非是在大店铺里,信用卡还是应该谨慎使用。至少使用时不要让卡脱离自己的视线,哪怕会让自己显得比较老土或是没礼貌。

旅行支票在发达国家比较管用,但在非洲却几乎寸步难行,非常不推荐使用。

很多地方的人可能这辈子都没见过旅行支票。对他们来说，能提供刷信用卡的POS机就已经足够现代化和高科技了。

4. 文化预备

在国内旅行的时候，常常听到导游介绍各种各样的"传说"，其内容大同小异，多是一个可以媲美《梁祝》的爱情故事，其中必然穿插着恶霸地主或邪恶官府之类的东西。结局往往是凄美而感人的一段爱情，且多以某一方死亡而结束。导游说来不过是说个热闹，游客听着也是听个乐呵，大家谁也不会当真。各自哈哈一笑，权作旅行中的点缀。事后也不会有人找后账，说当年我在某某地听过一个传说是如何如何，而事情的真实情况又是如何如何，因此控诉导游信口开河，全然没有丝毫职业道德，云云。

但在国外旅行时，很多时候因为语言和环境的陌生，唯一能获得资讯的渠道就是导游。导游如何说，游客就如何听，而且还会对此深信不疑，回来后郑重其事地把听到的故事写入自己的微博、朋友圈或者游记里。殊不知，这种道听途说来的故事，其可信程度多半和导游的口才成反比。很可惜的是，网上现在充斥着大量这样的"传说故事"。

要想不被导游忽悠，最重要的就是预先做功课。不管是野史还是正史，总得多少了解一些，不然到时候面临的情况很可能就是你和导游两个人大眼瞪小眼，鸡同鸭讲。

全世界的导游都一样，他们喜欢讲古，因为历史的长河里隐藏了太多的故事，而这些故事总会给导游带来称赞和小费。但对游客来说，如果对历史长河完全一无所知的话，那你除了走马观花之外，所得就非常有限了。

5. 行李选择

到遥远的地方旅行，飞机毫无疑问是最方便的选择。望山跑死马绝不只是说说而已。我曾经有过短短200千米奔波一整天的经历，而且这还是在当地人已经无比赞叹的"高级公路"上。

对于非洲行程更是如此，尤其是出入非洲的那段路程。如果选择从印度洋或者大西洋乘船前往，虽然可以饱览美景，但对于时间不那么充足的旅行者来说，花在路上的时间无疑太长了。

但是坐飞机前往的一个重要问题就是：行李负重限制。

尽管有些航空公司会放宽对行李负重的要求，但大多数执行非洲航线的航空公司还是很严格地执行每人23千克行李的规定。除非坐头等舱或是公务舱，否则23千克的限重，一定会让你在打包行李时东挑西拣，每件东西都舍不得放下。

相比之下轮船就好得多。通常来说，轮船对行李限重不敏感，只要你能扛，即使带个冰箱上去都没人管。

但不管是坐轮船还是飞机进入，必须要注意的是国内航班的行李限重往往只有20千克。但如果你搭乘的是微型飞机，这个限重很可能会降到15千克甚至更低。这有的时候的确是出于飞行安全考虑（因为行李超重会影响飞机起飞时的配重平衡，某种情况下会增加起飞的危险性或难度），但有的时候则是航空公司在公制和英制间玩手段（国际航班通常以磅计算，即50磅约等于23千克，国内航班则取公制，即20千克）。

所以除了必需品之外，行李必须尽量精简。很多在当地购买的工艺品可以先行邮寄回国。虽然邮费很可能不菲甚至贵到肉疼，但总比高额的行李超重罚款要划算。

016 因为工业水平落后，非洲的工艺品总体来说走的还是粗犷路线。木雕更是占分量的大头。加上木头制品过海关可能会被扣，所以如果不是特别喜爱，并不建议购买木制品。当然，象牙和犀牛角制品是中国明令禁止通过海关的，更不应该进入纪念品的购买序列中。

6. 饮食住宿

非洲的住宿条件受地段和国家影响，区别很大。在繁华国家或城市，酒店的豪华气派堪比迪拜帆船酒店。但在某些地方，可能当地最好的星级酒店也不过就是国内招待所的水平，还只是县级招待所。

所以如果遇到的酒店装修陈旧，没有热水，水龙头老化……这些都是在所难免的。衡量财力，按照当地的酒店水准和排名来选择酒店，或许是让你心理平衡的一个方法。当然，在进行行程规划的时候预先就不要设计那些基础设施太破的地方，则是更为稳妥的方法。毕竟，基础设施决定了一个地区旅游业的繁荣程度。"要想富，先修路"，这一道理世界通用。再好的景色，如果需要翻山越岭，对于非驴友的普通游客来说，都将会失色不少。

当然，很多时候山野风情也是很有乐趣的。如果你对居住环境不是特别在意，也可以选择便宜一些的酒店。但最好考虑一下居住地附近的安全情况。

除此之外，如果参加非洲动物游猎，那么通常来说会直接住在宿营地里。这种宿营地可以理解为建在丛林里的高级酒店。总体来说设施都很不错，但是要小心野生动物。因为围墙和电网只能防住大型动物，所以猴子往往会成为你最不乐意看到的伙伴。它们会拉开行李箱，偷走一切它们认为可以吃或可以玩儿的东西。糖果或者饼干遗失一两块，问题还不大，但如果你忽然发现猴子争抢玩具的样子很可爱想掏出相机照下来，然后发现它们争抢的玩具看起来无比眼熟，怎么看怎么觉得就是自己在找的那个相机时……事情就不妙了。别说我没提醒过，那个你向猴子扔石块，猴子就会把手中的东西也扔给你的故事是骗人的。一方面相机扔回来也就散架了，另一方面则是在保护区里砸猴子，警察才不会管什么猴儿酒的故事，只会给你开出高额的罚单。

7. 安全问题

不管出于什么原因，社会治安问题在非洲绝大部分国家中都存在，而且近些年来有越来越恶化的趋势。有些人把这归结为经济原因，也有人认为这是城市化过程中必然的现象，但不管怎么说，你绝不会愿意把自己置身于一个随时可能有人翻脸并拿出刀枪的幽暗小巷之中。

所以安身立命的第一准则就是，君子不履危地。如果当地人在晚上七点之后就不再出门，那你最好六点就早早回去。如果他们都成群结伴地走大道，那你就不要贪图便利走小巷。再好的风光，如果发生点儿意外，都将马上变成噩梦。

第二个准则就是在发生情况时，立刻交出钱包和值钱的东西。尽管所有的导游都会提醒你不要带贵重东西，但如果真的连个手机都不带，那还怎么旅游呢？只是贵重的东西一多，有的时候难免善财难舍。甚至会说出什么"相机我给你，把存储卡还我"之类的话。要知道，如果真的发生了状况，无论是多珍贵的记忆，都不如自己的安全重要。

第三个应该说是建议，就是尽量买一份涵盖全面的保险。一旦有意外发生，尽快取证，并且和保险公司联系。对保险条款尽可能熟悉一下，不要犯手续性的错误，然后就把事情交给保险公司。在非洲，很多大公司的能量超乎你的想象，尤其是保险公司。

第四个建议，把签证、护照和重要资料全部扫描一份，发到电子邮箱里。这样就算是有意外产生，也能在最短的时间内把证件补齐。

第五个建议则是有句老话叫"匪过如梳，兵过如篦"。在某些地方，执法者也未必那么靠得住。一旦出了问题，尽量在保证安全的情况下再去据理力争，千万别有"我是纳税人，所以我可以如何如何"的想法。要知道，你可是并没给他们纳过税啊。

一个比较常见的例子就是在国外如果被掏了钱包，报警之后警方是有义务给你一张报案凭证的。凭着这张凭证你才可以去向保险公司报案或是补办证件等。然而有时候警方或是疏漏或是懒惰，就是不愿意开单子。这种情况下要做的不是争辩，而是尽快和保险公司或者大使馆的人取得联系并说明情况，看看他们有没有办法处理。

8. 行程问题

去过非洲的人都知道，你无法要求他们的行程表准时准点。这片土地因为太过富饶，所以很难培养出那种钟表般精确的工业观念。手工业时代的一个特征就是功能为先，而不是标准件理念。加上气候变幻莫测，政局比气候更变幻莫测，所以你的行程往往最终成行时会与最开始的计划截然不同。

对此没有什么好办法，只能尽可能地减小损失。《80天环游地球》之所以精彩好看就是因为它里面充满着各种不可知不可测的小概率事件。把它们当成旅程中点缀的明珠吧，然后对突发事件做好应急预案。买的保险里最好涵盖延误险。当感觉行程可能会延误时，就尽快去调整接下来的方案，保留好各种票据，同时请承运公司开出证明。

如果说像职业生涯规划那样，给自己的旅行生涯也排个序，那么最开始的郊区游就像课外挣点儿零花钱，难度不高，收益不大，只是生活中的点缀罢了。再然后有了点儿时间有了点儿钱，可以报个团去国内的著名景点玩儿玩儿，这就算是实习生了。有导游和领队罩着，去的又都是已经发展培养好的旅游区，算是积累经验。

再然后，职业生涯就分成了两个路数。一种是以攒签证章为目的的旅游方式，或借公务之便或借年假之机，尽可能多地跑些国家。这种通常以"法、意、瑞、奥……9日11国"之类名目出现的游法，就有点儿像去了大公司里做小职员。意思不大，但是胜在安稳。只要长期干下去，总有一天就能熬出头变成老江湖。

还有一种则是剑走偏锋，什么地方有挑战什么地方难去，就专拣这些地方去。因为并非是常规线路，所以通常花费会比较大，遇到的风险或困难也比较大。但同样的，自我满足感也比较大。

为什么不说是收获？因为收获往往同价值观判断有关，而满足感则是一个已经判断完毕可以量化的指数。

这种路线通常就会以"发现之旅"或是"探索之旅"命名，去的地方也都比较奇怪或少有人走，像重走丝绸之路、攀登珠峰或是探索玛雅文明之类的。

这类人就有点儿像职业生涯里的自我创业者。不愿意受别人的规则的约束，宁愿自己冒风险去打拼，是这类旅行者的特点。

非洲旅程，则是居于这两者之间的旅行方式。一方面蛮荒让人有挑战未知的新鲜感，另一方面现代社会的便利也在不断侵蚀濡化着非洲社会。找到这两者间的平衡，让自己可以左右逢源，既能享受大公司带来的便利，又能挑战一下自己的价值，这难道不是一种现代人的乐趣吗？无论是在旅行还是在职业生涯里，都如是。

孤独的时候我们去非洲

目录 | Contents

目录

Contents

孤独的时候我们去非洲

1

One

在终点与起点之间感动

生活只是由一系列下决心的努力构成的。

——富勒

设计一段行程总是快乐和困难并存的。

或者说，在开始一段行程之前，你必须在脑海中预演物理上的位移，假设自己会像当地人那样，熟知每条大街小巷。但同时你又必须像个真正的游客，对每件可能引起感动的东西都敏锐无比。感时悲秋"登东山而小鲁，登泰山而小天下"等，在情感与感知之间必须有一条极为活跃的纽带。那种阅尽千帆的麻木，可以说是旅行时的大敌。

所以我们每个人先天就有一种把身体和思维分隔开的天赋。相对论在旅者的身上显露无遗。我承认人生必须要有一场说走就走的旅行，但一个尽可能周全的计划可以使人减少在荒郊野外时出现被迫让理智和浪漫两者PK的野蛮场景。

你必须像敏捷的猎狗一样，从为数不多的资料里寻找需要的东西，然后再把这些东西穿成一个个落在纸面上的地点。鼠标的每次移动，都代表着即将开展的一段新体验。从字里行间挑选要点的能力，远比在淘宝上看破卖家的花样要难。每个决定，都意味着你究竟是必须从满身汗水的人群中拎着行李挤过，还是可以舒舒服服地坐在海景房的沙发上静静地看夕阳西下。从网络上订的酒店，没人知道它是真的宾至如归，还是隐藏在灯火通明的城市中最不起眼的黑暗角落里，散发着下水道和虫子尸体的臭味儿，而你判断这一切的依据只是iPad（苹果平板电脑）上一张精美的照片。

托互联网的福，我们比之古代旅者们有了更多的选择。但同样也因为互联网，更多华而不实的溢美之词在不断干扰着头脑和决定。

这也就是我在设计这次的非洲行程时，面临的第一个巨大问题。

从某种意义上说，即使是一个人的旅行，你其实也并不孤单，你总会和那些完成过旅程的人进行着无声的对话，他们的经历和照片总会给你些启示。"过来人"的经验有时候无比珍贵。他们不仅会告诉你此地最好吃的小吃店和咖啡馆何在，同样会告诉你，从未被司空见惯干扰过的心灵在哪里才能得到最大的感动。因此，选择一个合适的"旅伴"就显得格外重要。

我说的"旅伴"，并不是确实和你一起踏上旅程，替你照下旅途上无数张嘟着嘴比着剪刀手的照片，与你一起欢乐一起忧的那个人，也不是在同城网站上瞟几眼然后就信手拈来替你分担一半旅费的那个人。你所需要的"旅伴"，是能够在心灵和欣赏水平上契合，能够在眼光和经历上共通，能够在精力和财力上相配的人。只有这样的人，写出来的游记才对你有参考价值。或许这就是在设计行程时的一个悖论：你渴望找到那个最懂你的人，看看他对这段旅程的选择和看法。然而你会发现，没有人能完全复制你的一切想法，因为人最难看清的就是自己。所以最终你依旧只能孤独地进行这段旅行。

所幸，这并不是在设计一段非洲旅行时所遇到的最大麻烦。

去过非洲的人还是太少。其中又有很多人是工作为主、旅游为辅。即使在闲暇之时外出散心，他们的视角也势必与一般的旅行者不同。更不用提那些人有着种种旅行者所无法比拟的优势：工作中的人脉，语言的便利，对当地情况的熟悉，等等。

就像我在网上一个帖子里看到，说他可以用几个鸡蛋或者两块肥皂，就能换来多多少少值钱的好东西，或者只需要用网上标价的五分之一甚至十分之一，就能租到干净车子或是订到物美价廉的酒店。

我相信这样的猛人定然存在，但肯定不是我。他们的一切不是我这个走马观花的外地人所能复制的。

东挑西拣之下，选择会变得越来越少。这个道理普遍适用于菜市场买土豆、挑选女朋友和上网找旅游攻略。最终你会发现，能够找到和你对话的"旅伴"，是件多么幸运的事。

抛开你手里的"大宝石"或"孤独星球"（著名的旅游指南）吧。尽管图书编辑和作者已然很努力，但是你仍然会发现大量已经过时的信息。城头变幻大王旗，这个真不是说说而已。有人说，操纵非洲政坛的其实并不是政客。在非洲旅行时，如果你只是满足于做一个蜻蜓点水般的旅者，那么你会发现这里和世界同轨，旅行景点已经被某只深藏着看不见的手打理得井井有条。但如果你想走得更深更远，甚至就像当年的殖民者那样，探寻深藏于这片土地上的秘密，那么你会发现，跨国大财团说话远比一国政府有力。

历史总是在不断重复的。尽管我们已经不再需要传教士去发现非洲腹地的马拉维湖，但一切其实都和殖民时代一样。你可以管这个叫历史传统或是无奈的现实，但作为一名闯入其中的游客，你能做的就只是遵循现实而已。

关于那些非洲野生动物美丽的照片，告诉你一个鉴别它们真假的方法。动物的野性可以从它的眼睛和皮毛上看出来。那些皮毛柔顺、装乖卖萌的"好动物"，多半都是动物园的小甜心。真正的野生动物不会有条件一天洗一次澡，更不会有人没事就拿着梳子打理它们的毛发。它们也不会五官端正、笑脸迎人。野性，就像未经修剪的灌木丛，是完全无法掩饰的。

所以说，你永远无法单纯依靠某些资料就完全确定自己的计划，即使你是个老江湖也不行。你无法保证资料的真实性，也无法保证它们的时效性，更何况，写出这份东西的人是否和你有着完全相同的品位更不得而知。你所能做的就是尽可能地做好准备，然后见机行事。

见机行事的意思是，很有可能你对某个景点抱有极大的好感，然后却发现那里简直就像地狱——也说不上什么地方让你不满，但就是全身每一根神经都在嚷着"再也不来这鬼地方了"。然而当你愤愤不已啐了口口水然后低声咒骂的时候，却发现自己面对的却是这辈子从来未曾遇到过的美景。

就像我在南非的一次遭遇。

我不认为神给予我们感觉、理性和智慧，是为了让我们弃之不用。

—— 伽利略

　　那天我实际上是偷了懒。我知道即将去的会是一处挖掘现场——小脚猿人的居住地，但并没有做预先准备功课。为什么？因为在我的感觉里，所有的挖掘现场都一样：一个大坑宛如高层住宅在挖地基，一个门可罗雀但票价奇贵的博物馆，一个看起来随时准备倒地呼呼大睡的讲解员，外加一大群正在靠近的大呼小叫无比兴奋的游客。每当旅游团经过的时候，不知从什么地方钻出来的小商贩们就精神抖擞地跳出来招揽生意，看着游客们大呼小叫地冲下挖掘现场，从里面美滋滋地刨出不知道什么东西的骨头。

　　顺便说一下，我觉得那些骨头都是小贩们自己倒进去的。

　　所以我没做什么功课，因为觉得挖掘现场都大同小异，没必要提前预习，更没必要看那里的照片，因为那样会剥夺了我仅有的新鲜感。

　　没想到的是所谓挖掘现场，首先是个巨大的洞穴，有点儿类似于墨西哥的天坑或蝙蝠洞，但比那些洞穴更深。顺着洞穴一路前行，冷风飕飕，时不时还会有水珠滴下。远处隐约有水流过的声音。我一路上都在后悔——当年在古巴

小脚猿人居住洞穴中的地下暗河

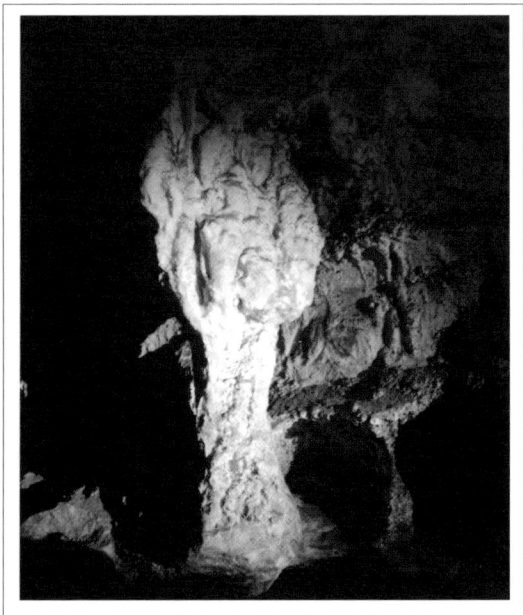

小脚猿人曾居住过的洞穴内的石柱

我就曾经发誓这辈子再也不下地洞了，怎么今天又昏了头跑进洞穴里来了？

洞穴里很黑。虽然有灯，光却很弱。我拧开了背包上的备用手电，光柱打不出几米就被黑暗吞噬。所幸照亮脚下的路还是勉强够了。就这样深一脚浅一脚，走到了一个小洞口前面。

前方没有路了。后退？更不可能，我肯定会迷失在迷宫一般的地下溶洞中。此时导游伸手指了指洞口，示意大家钻过去。

小孩子们有福了。纤细的身材让他们只会把此当成一个好玩儿的游戏。而我则只得拖着沉重的背包，半蹲半爬、手脚并用地钻了过去。一不留神，手臂蹭上粗糙的石壁，痛入心脾。

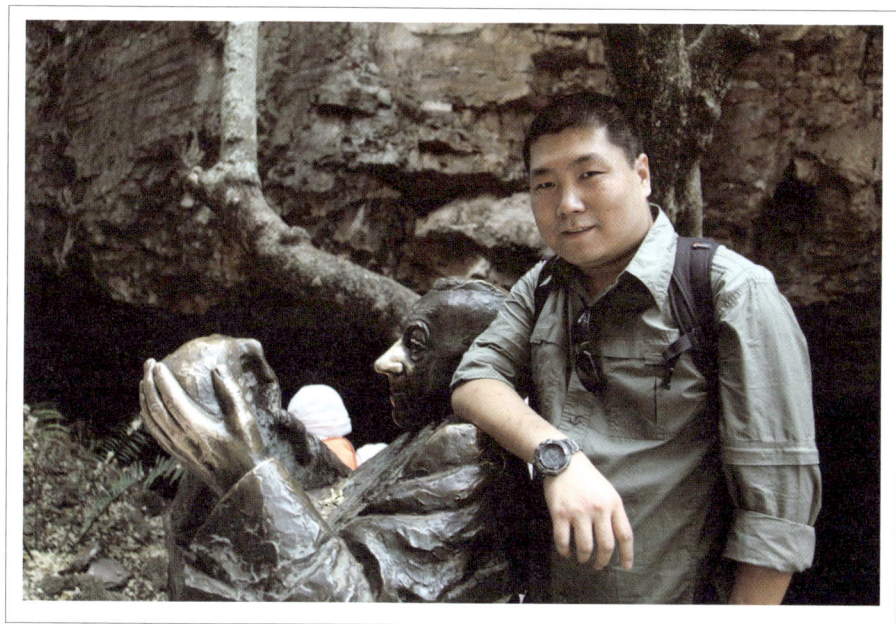

与洞穴发现者的铜像

凭感觉我知道这下撞得不轻。不过导游倒是司空见惯，耸耸肩告诉我说，当年原始人啥也没有，自然只能靠这种恶心的地形来抵御大型猛兽的侵入。狮子？自然是钻不进来。鬣狗和猎豹？排着队一只只地钻进来，只能是给小脚猿人们加餐。古人要想活下去总得付出代价。

期待着钻过一个山洞马上就能看到世外高人然后得传百八十年的绝世内功，或是找到只白猿再从肚子里取出武功秘籍，这种好事只会发生在小说里。事实告诉我们，通常在一个洞口之后，有的只是另一个洞口。就像宿舍楼里长长的走廊一样。

地球上唯一伟大的是人，人身上唯一伟大的是心灵。

——汉密尔顿

很喜欢以前国内的一个广告：一个旅人坐在火车上，火车驶向遥远的远方。画外音响起——人生就像一场旅行，不必在乎目的地，在乎的是沿途的风景以及看风景的心情。

不过拍这个广告的人一定没有钻过小脚猿人的山洞。如果钻过，他就会知道，最美的风景，其实有时候真的是在目的地。

和导游史蒂夫

当我挣扎着从一道山缝里挤出洞穴的时候，我却猛然看到了这世上最美的风景。原野上的风掠过丘陵和草场，草显得有些枯黄，看着却分外真实。四野无人，只有阳光温暖而均匀地洒在大地上。举目四望，看不到任何工业化的气息，只有亘古不变的大地还在低吟着数百万年不变的韵调。

当年Windows XP（一种电脑操作系统）的面世曾让人耳目一新——界面比以前好看得不是一星半点儿。后来微软也吸取这个经验，在后续的视窗软件中一直致力于提供各类漂亮的壁纸，努力提高颜值，把自己打造成高大上的代名词。

为什么微软从爱尔兰选景？据说是因为爱尔兰那种丘陵和蓝天白云的搭配组合特别符合人类对美景的认知。无论人种还是性别，大家都对这种景色有种天然的好感。后来有人找到了那张照片原始的拍摄地，照出来的照片果然风景秀丽。

但问题不妨再深入一点儿：为什么人会喜欢那种景色？为什么我们天然就会对这种旷野、绿草和蓝天如此喜爱？无论出生在城市还是农村，哪怕这辈子大部分的时间都只是在被废气笼罩的水泥森林里做个毫无自由可言的小螺母，也仍然会向往这样的景色？

或许这是因为我们的祖先，正是从这样一片土地上走出去的缘故吧。

非洲与所有的旅程终点都不同。它不仅是终点，还是人类的起点。我们的基因里烙印着对这种风貌的回忆和向往。当人重新站回到这块土地上的时候，那种传承了无数代的记忆击穿了时间，在脑海里复苏。

所以就算行程规划得再好，人们也会因为这种忽然复苏的感悟而不得不时刻调整自己的计划。一山一石，一树一木，一歌一舞，都可能唤醒他对世界的重新认识。现在仍然居住在非洲的人是幸福的，他们居住在自己祖先生活的地方。但同样，他们也是可悲的，因为每日重复的生活会飞快地磨去他们对世界敏锐的观察力，让他们陷入眼前的事物，而忘记了当人类在这个星球上诞生时，对这世界的那份感激。

扔掉旅游攻略吧，从内心承认，一段美好的非洲旅程就是个不断迎接惊喜，然后回归内心的过程。

感动可能来源于对行程的掌控，这是大脑在替你安排生活。

感动也可能来源于美食、歌舞或者璀璨的宝石，这是你的身体在替你养成习惯。

但感动还可能来自风云雷电、春夏秋冬，或者内心深处最柔软地方的一次触动，那是冥冥中祖先记忆的复苏。

祖先在那里走过，如今我们又回到那里。这种旅程不需要额外的计划与陪伴，因为陪伴这一路的将是自己的内心。

从先民纪念馆远望比勒陀利亚

2

Two

猎鹿人

2012年在法兰克福书展上，我看到一本名为*Safari*（《游猎》）的书。此书印制精美，装帧讲究，透着一股高贵气。当时我正负责一家出版社的图书引进，一下子就被这本书所吸引，甚至有种冲动，想马上掏钱买下一本。

　　不过当我兴致勃勃地和同去的张先生说起此书时，他皱着眉纠正我：书好坏暂且不论，这个词的重音你读得不对。

　　我心中极不服气的：尽管我对读音丝毫没有信心，但是我相信苹果公司，相信它的客服至少不会把自家拳头产品的读音也搞错，于是我就据理力争……但事实证明，我错了。

　　我承认，时隔多年回想起此事，那种羞愧感仍然会浮现在心中，从而让我把这件事说得令人费解了。

　　想当年微软通过免费提供IE浏览器（Internet Explorer，一款网页浏览器）从而一举干掉了网景公司的时候，它绝不会想到，多年后会有一个名为"Safari"的浏览器，在手机市场上把IE打得落花流水。在iPhone（一款智能手机）最辉煌的日子里，那个小罗盘形状的图标，在世界上所有操不同语言的人口中频繁出现。

　　实际上我就是吃了这个亏：苹果公司的人在读到"Safari"一词时，大部分都会念错重音。这并不是伦敦音和牛津音的区别，而是完完全全、彻彻底底地误读。而我就被他们带到沟里去了。

君子之过也，如日月之食焉。错了就要改。在对着词典把这个词反反复复跟读了若干遍之后，我相信自己的读音标准一如BBC。

不过，这很快就被我发现是屠龙之术。大多数人和苹果公司的人一样，都会读错，而且他们会用很鄙夷的眼光看着你。所以当我在南非第一次和当地人说起Safari时，激动也就是可以理解的了。在那一刻，我甚至有一种真理捍卫者的骄傲与自豪……

> 不要轻易放箭，如果箭会射向你自身。
>
> ——库尔德谚语

话说远了。当年张先生就告诉我，他在坦桑尼亚使馆工作的时候经常会接待国内去的朋友。那些人一到坦桑尼亚总是马上让他帮忙张罗Safari，自然是因为坦桑尼亚是动物大国，和肯尼亚一样有大量的动物游荡迁徙。实际上不仅仅是在有着巨大国家公园的坦桑尼亚，在整个非洲，Safari都是一项极其流行且花费不菲的运动。

说它是运动，是因为它并非是传统意义上为了养家糊口而进行的狩猎活动。那些几乎赤裸着身体只有一条兜裆布的布须曼人，才是整个非洲狩猎活动的老祖宗。时至今日，他们仍然保持着这种传统——赤裸着身躯是为了散热，因为剧烈奔跑时肌肉会产生大量热量。他们有着简单的分工与合作，长矛与弓箭仍然是狩猎的主要工具。他们没有步话机，自然也没有汽车。现代文明濡化了他们的生活方式，他们和自己的祖先最大的差别，就是脚下的鞋子。

如果有人愿意用每天1000美元的价格去体会布须曼人式的狩猎，我想那多半是疯狂之举。越是挥舞着美元大棒的金融大鳄，离肌肉动作就越远。健身房或是游泳池里打造出来的八块腹肌，和潜行匿踪可说是背道而驰。那种肌肉好不好？漂亮，但没用。它的活动舞台是都市而不应该是蛮荒之地，观众也不应该是散发着阴冷气息的冷血捕猎者。

所以自从神秘的非洲被揭开面纱之后，蜂拥而至的现代文明人是绝不肯用简陋的兽筋弓来狩猎的。布须曼人围绕在火堆旁边磨出来的箭头……好吧，围绕在火堆边磨箭头其实是个想象。所有狩猎民族的箭头几乎都是在阳光下磨出来的。火堆边光线不足，无法进行这种高精尖的操作。

只是就算是由最有经验的妇女，在最烈的阳光下磨出来的石头箭头，杀伤力也远远比不上铅块或铜锭熔出来的子弹。就像即使再热，探险家们也绝不愿脱下裤子光屁股前进，说到底，工具才是文明的力量象征。

这也就是为什么世界上威力最大的手枪其实只适合应用在狩猎中的原因。很多玩射击类电游上瘾的人总觉得，沙漠之鹰是枪中王者。的确，沙漠之鹰足够漂亮，名气也足够大。但是手炮，却确确实实可以轰倒一头大象。在人类还没有意识到保护动物的重要性之前，在非洲狩猎时使用的武器，才是真正的"大杀器"。

没有人傻到用军用武器来对付野兽。以高效杀戮为目的的军用武器并不适用于非洲。倒是那些物美价廉的火器才是狩猎的首选。声音要大，威力要足，这是现代非洲狩猎武器的基本要求。大口径武器不是没有，但是你能想象用一支用来打坦克的反器材狙击枪去猎狮吗？狮头或狮皮摆在客厅里或许可以吹嘘一番，糊上一墙的肉块和血沫，就是恶心加变态了。

哈瓦那的海明威庄园里，处处泛出一股旧时代特有的低调奢华之气。手绘的地图，粗糙的匕首，墙上的鹿头，这些都表明主人与非洲有不解的缘分。据说，海明威曾多次来过非洲，和非洲许多部落的酋长都成为好友。墙脚罐子里泡着的动物标本以及桌上那把锋利的刀子，就是他和酋长们友谊的见证。

把动物头颅或是皮毛悬挂在客厅里以夸耀武勇，这对于现代人来说很难接受，但在过去却是一种广为人赞许的美德。从某种意义上说，这和在酒馆里喝得醉醺醺的汉子猛然拉开衣襟，历数胸毛下伤疤的行为类似，只是要矜持许多。野生动物不管在今天看来有多珍稀，当年却都是满坑满谷。打虎在今天要被判刑，在宋代却可以做都头，就是这么个道理。

但再多的野生动物也经不住人类大规模地猎杀，或许唯一的特例只有蟑螂。非洲草原上那些奔腾的动物，即使是数量最多的角马，也只有在人类保护下才能恢复发展。无论是经济比较发达的南非还是那些没那么富裕的中非国家，基本上

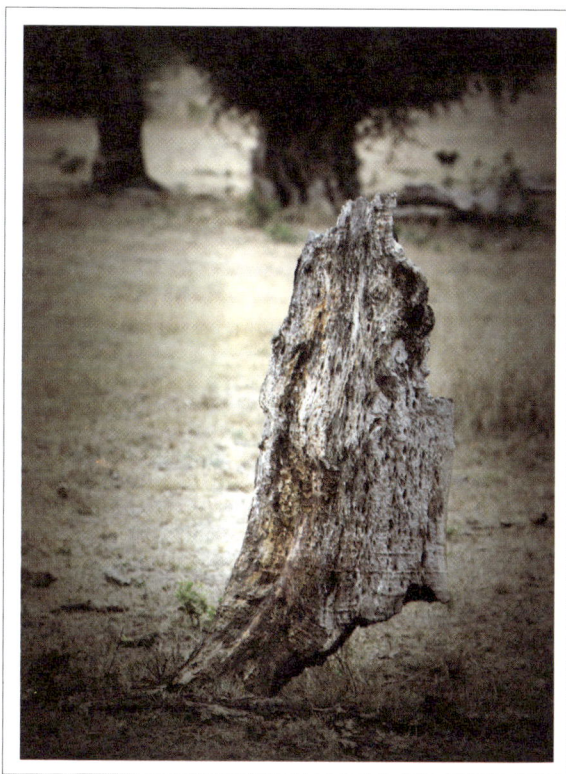

被白蚁蛀空后残留的树干

只要还有政权存在，就都会或大或小地设立一些自然保护区。出了保护区自然好说，但在保护区内，就算是只兔子也不是人能轻易染指的。在某些法律严格的国家，据说打死兔子后被判刑的时间通常在两年以上，不知是真是假。

所以现在的狩猎和几十年前有所不同。人们携带的不再是步枪而是各种各样的相机。当然，也不会再徒步了。就连布须曼人都穿上鞋子了，何况那些花了大钱准备进入非洲腹地一探自然原始世界之奥秘的现代人。想要奔行于非洲草原，马力强劲的越野车自然是必需品。此外，沿袭数百年来狩猎的习俗，当地向导是一定要配一个的（在某些国家，当地向导或脚夫由官方指定，目的是给当地人创造就业机会）。

所以，一辆越野车，一部电台，一个或两个当地向导，一支步枪，再加上一车叽叽喳喳手拿相机抻着脖子四处张望的游客，这样就是一个很标准的Safari小组。

为什么要有步枪？人无害虎心，虎有伤人意。万一有动物不开眼发了狂，手里就算有根柴火棍也比赤手空拳强。再说保护区里的动物吃饱喝足后，对人多以试探为主，能发出巨大声响的步枪会把动物吓走，没什么深仇大恨，动物犯不上死磕。

　　当然我还有一个更深层的不可见人的揣测……万一哪个人真被动物叼走了，血流满地，奄奄一息，然后大家就集体在旁边眼巴巴看着动物大快朵颐？说不定这时就真要给他个痛快了。虽然向导强烈否认这一点的可能性。

　　不过总体来说，在装备齐备的情况下，Safari还是很安全的。越野车通常是丰田或路虎，大型四驱车，越野底盘。三排座，每排可坐3个人，加上司机和向导，满载11个人，如果加装另外的向导座椅，可以坐到12个人。敞篷越野车在清晨或傍晚冷得厉害，所以车上会为大家配备毛毯。碰上寒流来袭的时候（尽管感觉上似乎非洲总是炎热无比），大家会被冻得哆里哆嗦，各个都恨不得缩成一个毛毯球。

凡事都有定期，天下万物都有定时。

——《圣经·传道书》

　　这样的天气虽不太多见，但也不像想象当中那么少。遇到严寒，Safari就变成了一件痛苦的事情。野生动物绝不像动物园里的同类一样以讨好人类为生。寒冷的天气里动物们都缩起来猫冬。平日熙熙攘攘的水源地旁边，此时萧条无比，可能要很久才会有一两只渴到不行的动物走出栖息地，跑来喝两口水。然后稍有动静，就会一溜烟地跑没影。

　　这种强烈的对比会把那些等待的游客憋疯。风和日丽的日子里，无数动物都会到水源地旁边集合。没有谁一定会遵循着和平的原则，猎杀往往会发生在一瞬间。雄狮和猎豹在饥饿中潜伏，皮糙肉厚的非洲象、犀牛或者野牛则大摇大摆地从旁边经过。水中一块看起来好似腐朽了的糟木头，只有用价格昂贵的长焦镜头才能发现其掩饰不住冷漠和寒光的双眼。一片草原是个生态系统，一个水源地也是。游客们的偷窥欲和杀戮欲往往就在这种好日子里得到满足。当鳄鱼猛地从水中扑出，死死咬住一只动物并把它拖进水中，看着它从拼命挣扎到寂然不动，不过短短几分钟，那种满足感与成就感足以让一个平日被城市与文明洗脑过的小白领为之颤抖兴奋，两股战战。

但在需要裹毯子的日子里，等待就变成了酷刑。草原上的风会因为空旷而变得尖利，像刀子一样把御寒的衣物劈成碎片。冲锋衣不防寒，防寒服不挡

越野车与原野

风，毛毯是最好的选择。但要小心，伸在外面紧握相机的手很容易因为失温而变得僵硬，一不留神拍不到想要的照片事小，相机掉在地上才是麻烦。

野生动物之所以让人又爱又恨，就是因为它们绝不会像动物园里的动物一样，俨然站在聚光灯下的明星，随时摆出各种姿势来供人拍照，尤其是乞食的动作做多了，哪怕是兽中之王也活得毫无尊严，仿佛穿着龙袍却在尘土里打滚撒泼的乞丐一样。

所以当严寒降临时，你就会发现"文明其精神，野蛮其体魄"中的"野蛮"二字，带着浓浓的尊严味道。人类号称万物之灵，那又如何？不买账就是不买账。

从萨比萨比营地（一家位于南非中北部的游猎营地）出来，路虎越野车碾碎了枯枝与落叶，但还是不见动物的踪影。负责引路的向导也有些心焦：虽然说能看到多少动物其实与他的业绩毫不相干，但谁不想得到别人的交口称赞呢？左右是出来了一趟，空手而回不管是在现代社会还是狩猎时代都很不吉利啊。

说到这里，就不得不说一下现在非洲比较惯常的Safari模式。一般来说，过去那种自己雇挑夫向导的方式费钱费力，虽然足够专业但其实并不适合快节奏的现代人。更何况这种方式也实在不好管理：利用为了防身而携带的枪械，真在无人之地做点儿作奸犯科的事出来，谁能知道？无论是伤人还是偷猎，出了事情就是大麻烦。

所以在国家公园或者保护区里，围绕着动物聚集地或者水源地，星罗棋布地开着很多个度假村，各家度假村都拥有自己的向导和越野车，向各自的客人提供服务。

最常规的Safari项目，每天会有早中晚三次。早上是天蒙蒙亮的时候，鸟儿刚刚开始歌唱，很多白天出没的动物起床了，通常来说会看到很多小型动物。

中午那次则在午饭后，傍晚的时候还有一次。真正入了夜就没有了，因为夜晚的非洲大陆还是有些凶险。凶猛的野兽有时候喜欢在夜里埋伏在水源地附近，等待近身搏杀那些企图来喝水的动物。如果在晚餐盛宴后你还有兴趣，不妨一个人待在水源地附近，安全无虞，水源地与营地之间有电网相隔。探照灯会照亮水源地，但更多的猛兽隐藏在黑暗里，你可以听到奔袭猎杀的嘶吼以及猎物垂死挣扎时发出的声音。

这二次Safari每次都在3～3.5小时——再长就没有了。当然如果你有心又不怕辛苦，全天扎下去做个丛林猎手也可以。不过额外的费用自然要单独计算，不含在每天1000美元的套餐价格之内。

越野车的分组是随机的，但是第一次之后分组就固定下来。这样的好处是可以和向导比较熟稔，相互之间多些了解，行动做事的时候会方便一些。万一真碰上那种浑不懔的棒槌，非要在狮子经过的时候做些焊雷管、锯灯泡的事儿，比如拿根棍子撩拨狮子胡须，那相熟的向导总是比较容易拉下脸来痛斥不是？

不想和别人挤一辆车也行，单独霸占向导就要单独付费。Safari的费用通常包括了食宿和每天三次的Safari活动，额外服务自然要加钱，尤其是针对那些提出特殊要求的人。

当然，能看到多少动物是个概率问题：谁也不能打包票说你一出门就一定能看到不是？如果真有人这样保证了，恐怕你还不乐意吧。100%守在那里静等大驾光临的是酒楼和动物园。转了大半个地球跑到营地，难道只是想找个动物园不成？

野生动物的密度没有人想象中那样高。正经是特别高的生存密度倒是透着虚假——扔个钓钩就能砸晕一条鱼的只能是鱼塘。人们肯定会想：你该不会故意把动物都赶到一块儿去了吧？所以天然的野生动物聚集地就显得弥足珍贵。而Safari营地好不好、收费贵不贵也就在于此。好的营地本身就在大保护区里，又占据一片视野良好的水源地，自然动物就愿意去。而一般的营地则地点比较偏，水源地的规模也略小，看到动物的概率就小些。

当然，概率小不代表没有。只是大家都是大忙人，好不容易抽时间过来，还不是希望能看到像鲟鱼洄游那样密密麻麻的动物？谁耐烦贪图小便宜，而平白浪费了在非洲的宝贵时间？所以有的营地是司机和向导合二为一，有的营地则比较奢侈地配备双向导——司机具备向导技能，向导具备瞭望手技能。

不过通常来说，多个向导并不会增大太多看到动物的概率。各度假村之间相互独立，但向导并不是。他们更有点儿类似于专业技工，要经过考证和诸多培训才能上岗，可以自由流动，相互之间多少有些联系。不排除有些向导手握着特殊的动物栖息地资源，但大多数时候大家还是互通有无的。如果有某辆车发现了大型动物的踪迹，就会通过步话机联系其他车队，大家分进合击，最终会合。当然小型动物不在此列，值得如此下本钱的非得是"非洲五大"才行。

赶巧了，我去第一家Safari营地——萨比萨比营地时，赶上强寒流来袭。之前还是晒到流油的天气，转眼间就哈气成霜了。结果就是虽然我们的车子很豪华地配备了双向导，可只是找到了几只小松鼠。最大的收获不过是一家长颈鹿——估计是看着没什么猛兽出来，全家出来晒太阳吃树叶。我们的越野车在长颈鹿旁边转来转去，完全没有存在感。

萨比萨比营地房间

双向导的意义就有点儿像多天线的路由器——看着很有架势，但实际上覆盖距离该多远还是多远，功率该多大还是多大，并不会因为多了个人就能见度翻倍，只是死角少一点儿而已。而托寒流的福，动物们早就猫起来了。一开始大家还很兴奋地左顾右盼，没一会儿就全蔫了，缩在毯子里不想动。看来看去也只有小猫两三只，距离大家的心理预期太远，失望之情溢于言表。

游客看到多少动物和向导的收入不挂钩，所以这也杜绝了向导丧心病狂地作假。基本上来说，能拿到多少小费和亲和力有关，和看到多少动物真没太大关系——吹了三小时寒风下来，整个人都哆嗦起来，谁还可能僵着手去掏钱包？

但我的向导恐怕是把这和尊严联系到一起去了，尽管对于Safari初哥的我来说，对正常状态下的动物密度完全没有概念。他和司机两个人商量了一下，决定扩大范围，看看能不能捞到点儿大货。

现代Safari的模式有点儿类似于第二次世界大战时德国潜艇部队的狼群战术——全面撒网，重点捕鱼，发现了值得下手的就尾随并呼唤伙伴。只是天气实在寒冷，就算是狼群也得饿肚子。暮春三月，羊欢草长。天寒地冻，问谁饲狼？我们这群眼巴巴的游客也只得空熬着，呆呆地望着路两边的钉子树。

要完全相信，我们首先得怀疑。

——斯坦尼斯劳斯

夜色苍茫，笼罩四野。垂头丧气的我们全然没了刚上车时的兴奋。脸上的皮肉被吹得像砂纸那样失去弹性，前排坐的金发美女最开始还很兴奋地解开辫子任长发飘扬，后来发现这样不但很傻，而且头发里灌满了土，不得不裹起围巾。眼看就要到收摊子的时间了，可这一下午的收获近乎为零，每个人都变得非常沮丧。

向导忽然做大呼状，命令司机把车子开向某某地。司机也不甘示弱，猛地一打方向盘，车子如离弦之箭一般向远方驶去……

很俗的描述吧。可当时大家的想法都是一样：这是抓到什么大货了？没听到步话机响啊？莫非是那个看起来憨厚无比的小向导发现了什么蛛丝马迹？

大家的心气一下子就被调动起来了。之前磨磨叽叽的越野车此刻爬高蹿低，却没有人抱怨。每个人都兴奋无比。

车子往前开了很远，从有路开到没路，从草地开进丛林，然后慢了下来。灌木上锋利的尖刺剐在车子的护板上发出类似于指甲挠黑板的声音，非常刺耳。两边的人不得不把毛毯挂在车子两旁，以免被划伤。

车子越来越慢，最终停在一片灌木的前面。向导拿出一个大手电，悄悄地向灌木丛里扫。在树丛中间有一片空地，空地上就是这次Safari的最终收获——一只正在酣睡的花豹。

豹子是四大猫科动物中最小的，但我们面前这只应该是一只成年豹，看起来很是健壮。它的睡姿很像家猫，非常悠闲，但是即使沉睡着也能从皮肤下的肌肉里看出它的爆发力。车子跑了很久，远处的太阳已经落下山去。起风了，风刮走了乌云，天空变成灰蓝色。手电光照在身上，豹子的皮毛镀上了金色。不知道什么时候，旁边来了十多辆越野车，大家都悄无声息地看着豹子呼呼大睡。手电光纷纷照过去，豹子像待在无影灯下面一样。

夜色中的豹子

022

如果是我，这个时候肯定是没心思再睡了，不过花豹不一样。它中途睁过几次眼，但是每次都只是慵懒地看看我们，就再闷头继续睡去，一点儿也没有被人围观的紧张。

是了，这就是收获了。我咂咂嘴，有些意犹未尽。但天已漆黑，我们不可能再继续游荡下去。远处已经隐隐约约传来猛兽的吼叫。夜来了，那些昼伏夜出的大型动物说不定要准备出门了……

晚上的餐食很丰盛。向导像军训时领队的班长一样，把同车人都组织在桌旁。我端着餐盒，与同桌的一家美国人聊了起来。

那是一家三口，女儿在开普敦念书，爸妈则住在新泽西。趁着最近女儿有时间，两口子来南非看孩子，女儿则孝敬爸妈一场Safari豪华游。好在我也在新泽西待过一阵，不愁没话题。聊着聊着，就聊到今天的活动上。

那对美国夫妇看起来倒是老实人，至少知足常乐，对今天最后看到的那只豹子还是评价颇高，认为有了这个就不虚此行。

女儿则嘟嘟囔囔的，觉得今天的动物真不给力——既没有看到成群结队的大象，也没有看到野牛和狮子。就最后那只豹子还算勉强吧，偏偏还睡得昏天黑地。

我笑着摇摇头，不置可否。她看我很不屑的样子，忍不住对我说：我同学和我说过内情的，向导们每人都知道几个动物巢穴，要是真找不到什么大型动物又要让你觉得不虚此行，就干脆把你领到巢穴那边去。你看今天最后还不是把咱们领去看豹子？那豹子睡那么死，要是光靠脚印他们怎么能找得到？

听到这里我忍不住侧头看看向导。他低头喝汤，仿佛完全没听到女孩的抱怨。

其实对于是否看到猛兽，我真的不是特别在乎。在我匆忙脱掉T恤换上冲锋衣的时候，其实就对当天的收获早有预见。只是我从内心里不愿意相信那只美丽的花豹，其实只是一个摆拍的模特。但在内心，我又有些相信她的话，因为花豹的表现实在是太镇定了……

第二天，我忍不住还是问了向导这个问题：花豹真的是Safari出来的吗，还是说早有安排，在万一找不到大型动物的时候就领人去看花豹？

向导想了想，说：花豹的家就在那片灌木丛中。不能说手拿把攥，但它在家里睡觉的概率还是比较高的。

睡觉？那完全是睡成猪的架势，好吧！我不相信地说。

那是刚刚捕猎完！他正色道，吃饱了自然睡得香。

好吧。我无意去争辩什么，只是忽然想到昨天从花豹栖息的灌木丛回宿营地时看到的几只斑马。

那时越野车刚刚拐过一个陡弯，车灯闪过，忽然发现有几只动物就横在路上。

那是一家四口，斑马夫妇带着两只小斑马正在过马路。它们走过去，似乎看到一个亮着两个大灯的钢铁生物很是奇怪，还回头看了两眼。觉得我们应该没有什么威胁，就低头甩甩尾巴，继续向前走去。那种悠闲自得，那种天地为家的感觉，才是我希望看到的Safari场景啊。

这一场突如其来的寒流，给我的非洲Safari之旅似乎蒙上了一层阴霾。

非洲风格浓郁的犀牛木雕

3
Three

罗本岛的野花

当事物的影响力超越其本身的范围时，该事物被称为象征。

象征的情况有很多。但通常来说，指的是那些已经几乎没有或者已经偏离了最初的实际用途，然后被人为地赋予了另一个意义的存在。

我最怕在旅行中遇到这样的东西。

因为缺少从小到大的浸润，所以一个外来人很难意识到这种象征背后真正的含义。游客往往会从其实际的使用价值入手，然后想：咦，这个建筑已经完全没有使用价值了嘛，为什么不干脆拆了呢？反而还要为它每年花上一大笔维护费。这值得吗？

很遗憾而且很冲突的是，当地人多半觉得值得，而游客却多半觉得不值得。

这样的东西实际上有很多。比如中国的长城，法国的埃菲尔铁塔，美国的自由女神像，等等。如果是关于人，比如说马拉多纳、林肯，或者姚明。

一个外国人很难理解为什么中国人看到姚明会如此激动，常常满场追着喊：姚明，姚明！实际上，这是一个在大球项目上从来没直起过腰的国家，其全体国民在扬眉吐气。这种多年辛酸一朝得雪的畅快淋漓，是非中国人所难以理解的。

当然，我想如果有朝一日中国能够在足球上也有如此成就，那个足球球员身上的象征意味会更浓。

我去过埃菲尔铁塔。我知道，最初设计时的广播功能早已消失，现在的它是法国的象征，代表着一种历史积淀，代表着一种民族精神。我也曾经去过纽约，看到过自由女神像。我知道，它作为灯塔的作用也已经消失，现在的它，代表着自由与追求，是美国国民精神的标志。

所以在去南非之前，我希望可以找到更多的资料，用以研判罗本岛这个南非的象征。

让正义的统治降临大地，使强者不能欺凌弱者。

——《汉谟拉比法典》

总体来说，南非给人感觉很乱。这种乱不在于社会治安上的不和谐，而是你很难搞清楚，它的历史与象征究竟是什么。布尔人纪念堂是不是象征？是。与之相对的联邦大楼是不是象征？也是。罗本岛，给我的第一感觉就是个监狱而已，而且还是个已经停止关押犯人并转变成博物馆的监狱。

我想，这也是象征吧。因为我在网上所能找到的攻略资料实在有限。那里似乎并不被列入大多数中国游客的游览计划。所以我判断，罗本岛应该属于"象征"的范畴。

这就有点儿像中国的长城。外国人都知道，不到长城非好汉。但是你让他们说些关于长城的干货，就都傻眼了。他们能够查到关于长城的一些历史资料和地理情况，他们会知道长城修建于什么时候，起点在哪儿而终点又在哪儿。但是，他们并非中国人，无法理解中国人对于长城那种既自豪又屈辱的复杂感受。

罗本岛也是如此。功课里能够预先提供的不过就是罗本岛的历史和地理位置，其他的消息就很有限，甚至连如何买票的信息都无法预先得到。我还是通过在约翰内斯堡的朋友考林先生才知道，可以通过信用卡在网上预先购票，现场取票即可。

等到我取票的那天，才发现在开普敦的出发码头人群排起了长龙。老师领着无数小孩子，整齐地排成了队伍，集体等待着登船。孩子嘛，当然是叽叽喳喳的。我问导游，为什么这么多孩子？

他很惊讶地反问我：孩子们来博物馆不是很正常的事吗？

我说，哦，对，孩子们来博物馆是挺正常的。可是今天既不是周六也不是周日啊，为什么孩子会在今天来博物馆，而且还有这么多孩子？都不上学的吗？

他说：这个嘛，因为孩子今天放假，休息。

放假，休息？我狐疑地看着他，说：可是昨天你就是这么说的。昨天我们在另外一处排长队的时候，你就是这么说的。

孩子嘛，放放假很正常。他不以为然地说：再过两天等到周五，他们就又得去上课啦！

对此我深表怀疑。几乎从来没见过学校一周放好几天假，然后周五把学生拎回去上一天课，然后再休周末的。

不过这不是重点。重点在于，船来了，很大一艘船，足够把满满一大厅的人全部装走。转眼间，人潮汹涌的候船大厅就变得空空荡荡。我的旅程，不得不和这一群小鬼头一起开始了。

关于罗本岛距离开普敦码头究竟多远，即使是这样的一个简单问题，网上搜索而得来的消息也各不相同。有说是5.9千米的，也有说是6.7千米的，最长的有人说是11千米。说实在的，我也不知道距离到底有多远。因为站在信号山上俯瞰海面，罗本岛似乎并不遥远，看着不过是大海里不远处的一个小岛而已。而坐上船又会觉得，这真是一段好远的航程。

海风凛冽，海浪汹涌，船摇晃得很厉害。那些一上船时兴奋无比、乱吼乱叫的小孩子很快就安静了下来，一个个把自己绑在座椅上。我算了算，船走了大约有半个小时。因为不能判断船速，所以也无法判断距离。但我想，应该是不近的一段路吧。

船到了罗本岛，小鬼们兴致盎然地冲下船，我也缓步走上堤岸。一眼望去，虽不能说绿树成荫、风景如画，但至少也能算是波澜壮阔、鸟语花香了。

这让我更有了一种想把电脑里所有的资料统统删除的冲动。

这也太失真了吧！我愤愤地想。

于罗本岛留影

　　在我的资料里，罗本岛应该是一个整天狂风暴雨，卫兵无时无刻不在端着枪巡逻的地方。遇见任何风吹草动，绝对没有什么拉枪栓、问口令之类的举动——直接一梭子崩过去，先开枪再问话！

　　可现在呢？一条平坦的柏油马路，从码头直接延伸到监狱的大门。大门处虽然有铁栅栏，但其稀疏程度绝对容得下一个人顺顺溜溜地钻过去，只要他不是太胖。不过相信在监狱里也不会有太胖的人存在。

　　除此之外，大门上方是漂亮的花体字。敞开的大门，漂亮的门岗，阳光明媚的上午，清新的海风——这真的是那个被资料描述得俨然梦魇一般的，最高安全等级的关押政治犯的监狱？

越往里走，我就越觉得资料在骗人。在资料里，这里最早是荷兰人修建的。最开始建造它的目的就是用来关押奴隶和战犯。在这里，犯人们被罚做苦工，为建设开普敦殖民地而准备建材。再后来，英国人把这里从荷兰人手里搞了过来。他们仍然沿用了这个监狱的基本功能：把那些犯了事的白人军人、政治犯和普通黑人罪犯都送到这里来。

直到那时，罗本岛仍然没有脱离其"监狱"的本色。

罗本岛的专属导游笑容可掬地邀我们下车，说，这里是能够拍摄到桌山全景的最好观景地。

从罗本岛运眺桌山

我站上观景地，明白了当时荷兰人选择这里作为监狱的原因。

所谓观景台，其实不过就是一段比较平坦的海滩。海风习习，煞是快意。远处的桌山遥遥在望，景色不是小好，是大好。

但海边的浪也不是一般的大。无风三尺浪，有风的时候，浪头能打起将近一人高。在靠近海岸的地方，还有密密麻麻的水草，像死人的头发那样漂在海里。

囚禁基督山伯爵爱德蒙·堂泰斯的伊夫堡监狱也同样坐落在大海当中。当时欧洲人修建监狱，依托的就是这样一个基本思想：监狱修得可以不那么严密。但修在这里，你就算跑得出去，也一定会淹死在大海里。

地中海整体还是比较暖和的，但开普敦四周可是有别名"非洲企鹅"的动物存在的海域。这样地方的海水温度可想而知。除了那些裹着厚厚羽毛或是干脆就在皮肤下有一寸以上脂肪层的动物可以毫不费力地游过10千米的洋面抵达大陆，普通人哪里有这种可能？

得天独厚的地理条件，使无论荷兰人还是英国人，都不约而同地把这里当成了一个剥夺其他人人身自由的场所。

所以就算是当这里作为监狱的使命结束后，当局仍然把这里当成关押麻风病人的隔离所。等闲人，如果没有摩西分海的本领，耶稣治病的手段，那是万万上不来的。就算上来了，也是绝无可能回去的。

这样一个与世隔绝的地方，有没有南非版的基督山伯爵呢？换句话说，有没有人曾经越狱成功呢？

导游充满自豪感地告诉我说：从来也没有！这里的防范严密，犯人们从未逃脱过。不管是最早的战俘，后来的麻风病人，还是最后的政治犯，成功跑掉的一个也没有。说着，他用手指了指海岸上一艘已经腐朽得不成样子的木船，说，看到了吧，这附近可是埋葬了不少船只呢。

我真不知道他为啥自豪。或许我理解错了他的语境？

不过不管如何，没人成功逃脱过确实是事实。不像那座关押伯爵的监狱，他们很显然吸取了欧洲同胞们的经验教训，死了人以后并不会简单拴上铁球装进麻袋就扔到海里去。

在关押了麻风病人之后，这里曾经策划被改建为一个度假胜地——如果不是第二次世界大战，说不定这事就真成了。那样的话，老曼德拉就只能在大陆上的监狱里多坐几年牢。第二次世界大战爆发，战火席卷全球，南非这个非洲最南端的国家也没能逃脱。实际上这里是一个很重要的军事要塞：好望角不仅可以为远洋轮船提供补给，同样可以用重炮轰击所有企图对它不利的敌人。罗本岛，就像在海外钉下的一颗钉子，其炮台和陆基武器，足以封锁它和桌山之间那段海域。

不过据导游说，这些武器从来也没正经开过炮，所谓血战更是没影的事。大多数时候它们是作为防守性武器而出现——看哦，我们好厉害的，谁也别来惹我们哦。实际上要是敌人的坚船利炮真杀到好望角，那开普敦失守也就是分分钟的事，沦陷基本已成定局了。

罗本岛真正成为最高警戒等级的政治犯监狱，其实是第二次世界大战后的事情了。战后南非海军和陆战队都把这里当成了训练基地，直到政府把这里收回去重新作为监狱使用，专门用来关押那些因为反对种族隔离政策而入狱的黑人政治犯。

要注意的是，这里和其他监狱不同，关押的只是黑人政治犯。

政治犯里有没有白人？当然也有。不过白人政治犯明显会因为其肤色而受到一些优待。比如在约翰内斯堡，就有一座由旧城堡改建成的监狱，很多白人政治犯会被关到那里去。相对而言，虽然一样没有自由，不过那里的戒备要松一点儿，条件也要略好一些。甘地就曾经在那里坐过牢——印度人当时的待遇会好一点儿，而且甘地本身的地位也决定了他即使被关押也会受到一点点的优待。

032

> 生活是一种艺术，要在不充足的前提下得出充足
> 的结论。
>
> ——巴特勒

在武侠小说里，常常说到一个很高等级的监狱——天牢。这地方在我们的

认知里，应该就是在昏暗的灯光下，一个脑满肠肥的牢子剔着牙，有事没事就随自己心思，把犯人拎出来暴打一顿。心情不好要打，心情好也要打，打死了就报一个痰毙，上面根本连话都不会多问一句。

　　另一个同样也是众所周知的监狱，是巴士底狱。人们想象中的巴士底狱，应该是一个吃人不吐骨头的地方，助纣为虐的场所。里面关押的应该都是贫苦无依的第三等级。同样，那个本应给革命群众提供枪支和火药的小官员，掌握着所有囚犯的生杀大权。

罗本岛的前政治犯，现为导游

而实际上呢？被下了天牢的官员谁也说不准是否有机会官复原职，三十年河东，三十年河西，山不转水转，山水有相逢。区区一个牢子，在大员眼中真真只如蝼蚁一般。虽说大人不记小人过，但大人如果真记了仇，铁了心要办了他，那小人哭都没地方哭去。关进去再无翻身可能性的不是天牢而是拥有独立司法审判权的诏狱。所以通常来说，和关押刑事犯的黑牢不同，天牢里的环境并不是太差，伙食什么的也没多少人敢下手克扣。大多数时候天牢完结的是一个人的政治生命，而不是肉体生命。

　　至于巴士底狱……愤怒的人民群众在和守卫相持了好几个小时后，终于调来了新式大炮和专业炮手，轰开了巴士底狱的大门。然而人们搜遍了监狱，发现里面的囚犯只有七个，其中还有一个是未经审判就被皇家以放荡罪送进来的皇族。

　　而罗本岛，在近代的性质，和这样的监狱也没什么不同。

　　唯一的区别，就是那些监狱都是周围环境的一个子部分。它们要依赖于其他地方向其提供种种服务：食物和水，燃料与衣服，还有监狱管理者的基本社交需求和生活需求，都和周围的环境脱离不开。

　　而罗本岛则不同。这个由荷兰人最开始建造，英国人继而完善，又经历了战火（姑且这么说）的监狱，自成一个小系统。它就像一个小型的维生舱，具备自己独立发展的一切可能性。

　　在这个监狱里，有教堂，有医院，有俱乐部，也有菜地和农田。岛上泛滥的兔子，可以为守卫们提供野味和肉食。各类生活和社交设施比其他同类型的监狱要多得多。

　　而且这里关押的是政治犯。政治犯的概念就是，他们在暴力倾向上要比刑事犯弱很多。大家都是文明人，有文明人的游戏规则，一言不合大打出手的概率并不高。在管理上也以限制人身自由和其他权利为主，真正的身体刑罚很少。

　　这也就是为什么曼德拉在入狱了几十年之后出来仍然可以做总统的原因。要是真像电影里描述的那样恐怖血腥，三天两头皮鞭、电椅，不到半年人就残了，还说什么政治理想、人生抱负，下半辈子能自己走路就不错了。

　　罗本岛代表着南非历史上的那一段阴暗历史吗？这个问题的答案毫无疑问是肯定的。但它所代表的，是一个族群因为人天生的区别，而对另一个族群进行毫无理由地歧视与压榨，并且把思想范畴的争端上升到肉体禁锢的层面上。它并不意味着老虎凳和辣椒水，也不代表拷打与施虐。整个监狱的条件比我想象的要好得多，也比资料里介绍的要好得多。居住条件不好，通信自由被侵犯，没有多少机会得到外界的讯息，这些都是存在的，但赤裸裸的以折磨为目的的肉体刑罚确实是没有的。

他们所住的房子不像美剧里看到的美国监狱那样上下几层楼，楼里每间小房子外面都是铁栏杆。这里的某些监房，有点儿类似于大型教室。在这种房子里，每个人有自己一个铺位，还有几条毛毯。虽然破旧，但并不寒冷。

有些屋子还自带院子。这样的房间通常是给那些地位比较高的政治犯的。有时候如果全家人一起被抓进来的话，也会被关押在这样的一个院子里。当然，禁止外出。但其他的生活条件并不是很艰苦。

这一点在我们接下来的导游身上也得到了证实。当进入监狱核心区以后，负责介绍风光景点的导游就算完成了任务，我们由另外一批导游接洽。这批新导游都是上了年纪的黑人，他们或是当年的政治犯，或是曾经看押政治犯的警察。今天他们都在为罗本岛博物馆工作，职责就是向游客讲解当年这里发生过的一切。

他们带着人群穿过一个个狭小的长廊，指着监房门口贴着的名单，告诉大家这里当年住过什么人，那些人是因为什么罪名而入狱的，刑期有多少年，等等。在他们的描述里，你会发现，这里的最高防备，是当时的当局为防备这些政治犯越狱出去而设置的，而不是打算从肉体上置他们于死地。毕竟，这里只是监狱而已。

> 生活是一张白纸，每个人都在上面写上自己的一两句话。
>
> ——洛威尔

罗本岛最出名的犯人，是曼德拉。相信不用我多说，每个人都知道他究竟是谁。那首《光辉岁月》，虽然过了这么多年，依然会被人唱起。在罗本

罗本岛博物馆放置的曼德拉及其他南非政治家的肖像图片

岛上，这个名字更是常常被人提起。纪念品商店里，出售印有曼德拉监狱编号的仿古钥匙，还有他当年用过的搪瓷杯子的复制品。

然而，曼德拉曾经住过的监房究竟在哪里？我始终没有找到。

我原想，来这个岛上游览的外国游客，多半是冲着曼德拉当年的监房而来的吧。就像中国人总喜欢去看名人故居，能够在名人待过的地方自己也待一下，某种程度上就好像和名人站在了一起。由此想象，曼德拉监房的门前，一定人多到无比，就像巴黎卢浮宫的《蒙娜丽莎》画像前的人一样多。

然而，没有。那个以前做过政治犯，真正在这座监狱坐过牢的老导游，很平静地领我们看了几个监房，然后就把我们送到了监狱大门口。其间没有过多谈起曼德拉，更没有像网上所说，三句不离曼德拉，动辄就说"当年我就住在曼德拉隔壁"云云。

我不死心，独自一人又返回了监房。这一次，我转来转去，专挑人多的地方走，觉得人越多的地方，就越有可能是曼德拉的监房。

然而依旧没有。

对此我百思不得其解。

从罗本岛返回开普敦，我仍然在想这个问题。司机不知道我在想什么，只是说：走，我带你去看个好地方，你肯定喜欢。

他把我领到一大片建筑前，指着门前正奋臂向天的曼德拉的雕像说：我看你挺喜欢曼德拉的，要知道这些年我都没看到过多少中国客人去罗本岛，那你一定会喜欢这里的。这儿是曼德拉待过的另一座监狱，看，门口的这个雕像就是为了纪念他为南非人民做出的贡献而修建的。

于是我充满希望地问：那我可以进去看看吗？我很想去看曼德拉曾经待过的监房啊。

他摇摇头，说，不行哦，这里现在还是正经监狱呢，可不是像罗本岛那样已经改成了博物馆。这里还关着犯人呢。当然，再没有政治犯了。

是啊，南非的种族隔离政策已经被取消20多年了。曼德拉提倡的"真相与和解"，也已经在这个国家的年轻人心中扎下根去。白人可以和黑人一起工作，黑人也可以和白人一起走在阳光之下。既然如此，又为何一定要斤斤计较于当年曼德拉究竟被关押在哪个房间里呢？和解的目的，不是揭开疮疤露出血淋淋的伤口，而是提醒人们，人不应该因为自己的肤色而背负原罪，一个阶层也不应该因为某种先天的原因而对另一个阶层抱有敌意。人们只要知道，曾经有这样一个人，为了让人们不再因肤色而相互仇视，付出了几十年的光阴去努力呐喊，这就够了。

象征，指的是事物的影响力超越了它本身所具有的范围。

一如曼德拉的监房，一如曾经戒备森严如今游人如织的罗本岛，一如监狱空地上仍然挣扎着探出花朵迎接阳光的野花。

罗本岛码头

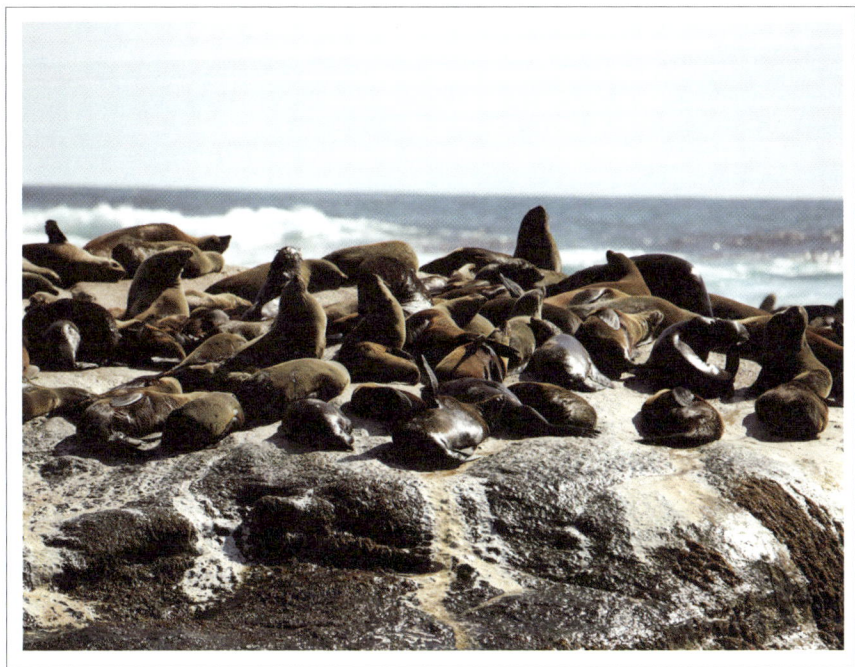

4
Four

生命之环

从小学上自然课的时候开始，我就有件事一直不明白，那就是为什么人类天生会对那些眼睛大大且脑袋大大的生物，有种莫名的好感。

这种好感印刻在人类的基因里，留下无法磨灭的印记。这个印记对人类来说，关乎物种生存。

如果从结论倒推，其实很容易发现，这是人类一种自我保护和物种延续的本能。新出生的婴儿身体很小，但颅骨闭合后头部骨骼基本定型，就算长大成人，头部也不会像身体那样变大数倍。一个婴儿必然是头大、眼睛大的结构。

所以人类会对婴儿有种喜爱，不管这个孩子是不是自己的。所谓母性泛滥，其核心就是基因在影响着人的潜意识。当然，这个结论是建立在对人类这一大族群的宏观分析上。如果一定要牵扯进诸如财产、第三者之类的东西，那只能说人的显意识在日常行为的判断和选择上有着更强的掩盖力度。

推而广之，这种潜意识里对婴儿的喜爱也会延伸到动物界。我们会对小奶猫或者小奶狗这种明显具备头大和眼睛大两个特质的动物产生好感，而对那些眼睛小头也小的生物抱有抗拒——例如蛇、蜥蜴和虫子。有谁会无比喜爱猪肉绦虫，看见就想去抱一抱呢？

这是天性，无关乎善恶。正是靠着这份天性和繁衍后代的本能，人类才得以从恶劣的环境中脱颖而出，直到遍布这世界的每个角落。

所以我一直不明白，为什么人类对很多物种都很宽容，却始终对海豹如此苛刻。

> 我们的土地并非自祖先手中所继承的，而是从子孙那里所借取的。
>
> ——美洲原住民谚语

或许，因为海豹很臭。

成年的海豹身上有种强烈的味道，腥臊刺鼻。即使经过再好的硝制，这种味道也只可能减轻却不会消失。我第一次看到市售的海豹皮是在挪威。在卑尔根的鱼市上，海豹皮被像布匹那样挂在架子上销售，700～900挪威克朗一卷，合人民币1000元左右。

这些摊开的海豹皮像是最上等的丝绸，在雨丝下，滴水不沾，只是反着油亮的光。

但就算是在每年有300天以上时间会下雨的雨城卑尔根，在雨丝的不断洗刷下，那种海豹本身所独有的味道仍然消散不去。这种味道甚至让我在第一时间就耳根发热，那是过敏的前兆。

后来当我在格陵兰的市集上看到刚刚被捕杀，被捅得肚破肠流，然后并排摊在地上的海豹时，我真心不忍看下去。

或许，因为海豹很傻。

据说猎杀海豹很容易。海豹是唯一一种在冰天雪地里有救人欲望的生物。在冰原上如果看到被冻僵的人，海豹就会爬过去把这个人抱住，用体温让他苏醒过来。很多猎杀海豹的人都学会此招，以此来诱骗海豹。而海豹从不长记性，哪怕前几天刚看到其他海豹被这样捕杀，等轮到自己时仍然忍不住跑上前去。

或许，因为海豹很值钱。无论是皮毛、肉类、牙齿还是内脏，都能卖出不菲的高价。海豹一身都是宝。"匹夫无罪，怀璧其罪。"身上的器官能卖出好价钱，这就是原罪。无论对于海豹还是对于人，都如此。区别只是人可能是为了一部苹果手机，海豹却是为了温暖冻僵的人类。

或者，又或许没有或者，只是单纯的人类劣根性，喜欢通过杀戮来表现自己的强壮与伟大，不为捕食也不为御寒，只为证明自己在生物链上居于顶端的地位。

在某种程度上，海豹和人的相似度挺高，尤其是眼睛和嘴巴。我不知道海豹的面部有多少肌肉，但同其他动物不同，海豹的嘴在张开时，很容易就变成人类所熟悉的微笑表情。配上那双忽闪忽闪的大眼睛，很少有人能够抵抗它们的笑容。

但当它们被扔在地上，血流满整个肉摊，血液因为水的稀释而无法凝固，肚皮被豁开一道半尺长的口子，肠子蠕动着流出来，摊满身下的水泥地时，它们就只剩下了一个名字——尸体。

来到非洲，有几样动物是不得不看的。"非洲五大"自然少不了。还有就是开普敦的企鹅滩和海豹岛。

看"非洲五大"要凭运气。狮子、大象、野牛、豹子，还有犀牛。很多人来了一趟非洲，临走的时候相机里装着的都是羚羊和角马的照片，"五大"却始终攒不齐。这也是没法的事。一山不能容二虎，除非一公和一母。那些大动物四处游走，相互间又有领地之争，的确不容易凑齐。

企鹅和海豹就不一样了。无论是企鹅滩还是海豹岛，都属于它们的栖息地，是家园。既然是家，就无论如何也总会有留守在家的。所以游客们还是最喜欢到这里来，因为或多或少总会有收获。就算拍不到猎食、发情或者打架，一群群的动物集体晒太阳拍肚皮还是可以照到的。

所以海豹岛的生意很是红火。

要预订海豹岛的游船，也是一门学问。

在开普敦的豪特湾有很多游船公司，它们都提供去海豹岛的服务。有的公司40分钟一班，有些则是一个多小时。有的公司船新些，有些则比较老旧。有的是普通游船，有些则有玻璃船底和观察窗，以供游人直接看到海底的景象。

企图从公司的名字上分辨船的好坏是非常困难的事。就像国内那些大打老字号招牌的企业一样，这里的游船公司有的写着"玻璃底"，有的写着"真玻璃底"，还有的会写"真正最新型玻璃底"……面对如此的文字游戏，外地人真的很难窥测出其中玄机。

不过我的建议是：好船不如好位置。即使是最干净的玻璃船底也无法同空气的通透度相提并论。在水下看海豹是件不错的事，但这要靠运气。有这个时间倒不如占据船头最好的位置，调整好相机的长焦镜头，静静等待海豹出现。

海豹岛离豪特湾并不远，船行一会儿就会到。这个岛屿很小，狭长的礁石远远看去不过就是个略微大些的黑色小点。就像《安徒生童话》里说的那样，落潮的时候还略大一些，涨潮的时候就只露个小尖角而已。

不过好在海豹不在乎。作为水陆两栖的哺乳动物，海豹的耳朵和鼻孔可以紧紧闭合。一只成年海豹，30分钟浮上海面换一次气很正常。就算是没长大的小海豹，15分钟一换气也丝毫没有问题。

这座小岛，或者说是礁石群，非常贫瘠。在其上面没有植物也没有土壤。凛冽的海风把一切企图附着于其上的东西都毫不留情地吹进大海，在上面只有脂肪层超厚的海豹。小岛禁止人类登陆，所以海豹也丝毫不必担心自己的安全问题。当船过来的时候，它们只是抬头看一眼，然后懒洋洋地继续趴在礁石上，偶尔互相挤一挤，争抢一个在它们看来更为舒服的地方。

在这种挤来挤去的过程中，不时有海豹被挤落大海。不过它们丝毫不觉得这有什么，反而把这当成一种同伴之间的游戏。甩甩头，用两只有力的前鳍或者说叫前手，把自己再鼓捣上岸，这对它们来说是轻而易举的事。

有时候它们也会主动下水。海豹下水的样子有点儿像一个刚学游泳的孩子：顺着斜坡小心翼翼地向下蹭，蹭到马上就要入水时，干脆地纵身一跃。不过到了水里，海豹善于游水的天性就完全表露出来。忽上忽下，忽左忽右，和最狡猾的游鱼不相上下。每过一会儿，它们就会从水中露出半个小脑袋，一方面换气，另一方面也是大大方方地让游客们拍拍照片。

只是没去过海豹岛的人完全无法想象，这片海域的味道究竟有多糟糕。海豹本身的强烈气味，加上它们吃饭、排泄等一切活动都在这片海域——这个源自我恶意的揣测，使得海豹岛的气味只有海豹自己才能熟视无睹。我想，莫说只是海风，就算是刮起风暴，这里的味道也不会好到哪里去。毕竟，这片海域就是海豹们的生存地。而在完善的排水系统发明之前，人类的聚集地也不过就是个大号的露天厕所，没好到哪里去。

在几乎所有人都一手捂鼻一手拿相机咔嚓咔嚓干掉了不少存储卡之后，船绕着海豹岛转了几圈，就开始返航。当然，在返航过程中，仍然可以随时看到不少的海豹在海中嬉戏。几个白人小伙子摇头晃脑地说：这一趟真是值了，没想到能看到这么多海豹，你看你看，我还拍下了小海豹在海里游泳的照片呢。我从来不知道，海豹原来是像鱼那样，左右扭来扭去游泳的……

嗯，听到这个消息，我觉得有必要尽快去告诉弗朗西斯。

> 世人往往推崇表面的功绩，而不是推崇真正的功绩。
>
> ——罗切福考尔德

实际上，在登上前往海豹岛的游船之前，我先去了一趟豪特湾的海豹救治中心。

名为救治中心，实际上是个完完全全的民间机构，并没有官方色彩。它的选址也很偏僻，完全没有我想象当中的那种海滩急救站一样的地位。

自然，它的工作也不会像海滩救生员那样丰富多彩。但是我觉得，如果没有它，豪特湾依然会存在，但海豹岛可就真不好说了。

之前在国内的时候我也曾接触过几家动物救助中心，里面的工作人员多半是一些经验丰富的护林员或者说是猎人。他们会在森林里寻找那些受伤的动物，对动物进行医治，治疗好之后再将其放归大自然。有时候也有游客会把受伤的动物或鸟类送来，同样，被治疗之后回归自然，是这些动物最终的命运。

然而海豹救助是不同的。你无法就那样划着船漂在海里，看到受伤的海豹就直接捞起来——动物的天性决定了它们对人类还是抱有天然的戒心，傻狍子例外。这就需要一些小技巧，还有对动物足够的爱心，以此来降低它们对人类的警惕。

此外最重要的一点是，这家救助中心并不只是负责治伤。它更像是一个浓

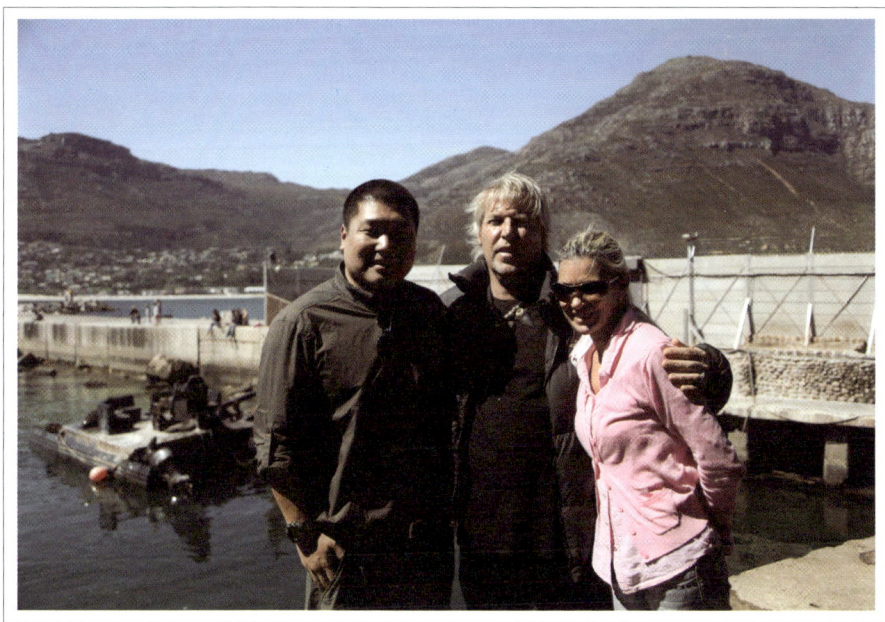

与弗朗西斯及其夫人安娜合影　　　045

缩的海豹岛——从出生、哺育，到治疗和教育，它都管。

在豪特湾角落一个废旧的小码头上，我找到了救治中心。弗朗西斯和他的夫人已经等了我很久。

小码头连着仓库，很漂亮的仓库，看起来很像微软或是苹果公司的前身，但现在这里是海豹的乐园。仓库的地上湿漉漉的，有不少海水。弗朗西斯满怀歉意地告诉我，这里的地面因为老有海豹会爬上来，所以永远是这样，走路的时候要小心些，莫要弄湿了鞋子。

欸，你这里的海豹可以自由活动吗？我很惊讶地问。

欸，你那里的海豹不可以自由活动吗？弗朗西斯很惊讶地反问我。

北京是个内陆城市，不靠海。我们要想看到海豹只有去动物园。我向他解释道。

他听了以后大摇其头：动物园里的海豹怎么能和这里的海豹相比呢？他指了指外面的几个小池子，说：这里主要是小海豹，为了怕受伤才会把它们放在池子里。但是就算是这样，它们也可以自己跑来跑去，这点儿自由还是有的。

不过那样它们不会跑掉吗？我探出头看了看外面的水池，被里面一只小海豹飞快地甩了一脸水。池子是水泥做的，池壁果然很矮，不然水也不能那么痛快就甩到我脸上。

跑？会啊。不过当需要帮助的时候，它们就会回来。说着，他把我领到窗口。透过窗户可以看到一只肥硕的海豹正蹲在窗沿下慵懒地晒肚皮。

比如说它吧。它以前小时候在这里待过，前阵子就自己跑回来了。弗朗西斯对我说。

跑来做什么？我看看这只海豹，油光水滑的，实在不像需要救治的样子。

它觉得自己太胖了需要减肥，所以就来了。弗朗西斯看了看那只肥海豹，然后一本正经地和我说。海豹可能感觉到我们在说它，抬起头来看了看我们，发现没什么事就又扭过头去，继续晒日光浴。

好吧，我承认弗朗西斯说得很有道理。一只成年公海豹可以长到300千克，但即使是这样，这只肥海豹也算是超重了。尽管我对自然界里的生物会主动减肥这件事感到匪夷所思，但终于还是决定先把这个问题甩到一边。我问弗朗西斯：那你这里难道就只有要减肥的海豹才会找来吗？咱不能不务正业啊，你这里是海豹救助站可不是美容院啊！

哈……美容院……当然不是了！弗朗西斯大笑。他指着一个水泥池子说，这里当然还是以救助为主啦。比如说，这只小海豹。

说着话，他走到池子边，向我指了指静静缩在角落里的一只小海豹。

它不像其他的海豹那样活泼，待在角落里，不和其他海豹一起玩耍，显得很不合群。看我走过去，它还往后缩了缩。

弗朗西斯伸手拦住我，说，就站在这里！你不能再靠近了。

说完他自己继续向前走。小海豹好像看到了亲人一样向他游了过来。他蹲下身子，小海豹三步并作两步，顺着池子边就跳了上来，扑到他的怀里。我第一次这么近距离看到海豹跑动。虽然没有脚，可是它跑得可真快，几片鳍一扭一扭就蹿到来人身上。

他像抱着小猫那样把它抱在怀里，还用手轻轻抚摸着小海豹的头。我瞧得眼热，也走了过去伸出手。没想到小海豹猛地转过头来死死盯着我，张开嘴龇出尖利的牙齿，警告我不要靠近。

弗朗西斯小声对我说：不要再过来了。这只海豹现在仍然野性难驯，很抗拒生人的接近呢。

陪着小海豹玩了一会儿，弗朗西斯弯腰把它又放回到池子里，然后对我说：你知道吗，它可不是本地海豹。

……我很无语。弗朗西斯啊，你能不能不要这样不务正业？救助就救助吧，你又不是户籍警察。我才不信你能认识这片领地里所有的海豹好不好。中国卧龙的熊猫就那么点儿，配了多少工作人员专门在里面认熊猫啊。海豹这东西偷着生两只你也不会知道的吧……

仿佛看出我的疑惑，弗朗西斯对我说：看起来差不多，但其实海豹也是有品种的。本地海豹耳朵大脸也大。而这只海豹的耳朵和脸都比较小。它不是本地品种，而是从太平洋远方游来的。没人知道它怎么游过这几千海里，也没人知道它的父母究竟发生了什么。我第一次发现它的时候，它已经遍体鳞伤了。后来我把它接到这里，它才慢慢恢复过来。不过就算是这样，本地海豹也不是很喜欢它，到现在都还没有接受它，也没有其他的海豹会陪它玩……

说着，他拿起旁边的一只水桶，把桶里的小鱼倒进池子。其他的海豹都上来抢鱼吃，小海豹却缩在后面。

弗朗西斯单独给小海豹多倒了些鱼，并把一只暗暗摸过来准备偷鱼吃的海豹赶走，然后说：所以啊，在平时给食物的时候，就得多给它一点儿。不然它会被欺负的。

说着，他拉着我走回桌子旁，拿出iPad对我说：刚才你不是说，这里还有没有其他海豹来吗？我给你看个照片，它叫苏珊。

iPad上是另一只小海豹。我接过iPad仔细看，尤其注意盯着耳朵和脸，不过真没发现和刚才那只小海豹有什么区别。

弗朗西斯没有注意到我在悄然比对那两只海豹，接着说：苏珊最开始来这里的时候非常小，先天不足。它的父母都死了，也没有其他海豹愿意收留它，所以我们就决定把它养起来，教它怎么捕猎，怎么和其他海豹交流等，直到它长大了才让它离开。

他把iPad里的照片向后翻了几张，果然，之前的小海豹不见了，取而代之的是一只看上去充满活力的大海豹。再翻几张，大海豹变得体形更加臃肿。再往后的照片上它又瘦了下来，旁边还有几只小家伙。

弗朗西斯的夫人安娜笑着说，苏珊那阵子怀孕了。真不知道它怎么想的，干脆跑了回来让弗朗西斯帮忙，等那几只小海豹生下来后它出去捕食，小海豹们就全天寄养在我们这里。那阵子弗朗西斯可是累坏了……

好吧，我明白了，这里哪里是什么救治中心？应该说是美容院、孤儿院、妇幼医院和托儿所的结合体嘛……

还不止这些呢。安娜接着说，苏珊小时候因为它的父母都死了，又没有其他海豹教它，所以它连怎么游泳都不会。

这句话把我"雷"得不轻。一只水陆两栖动物还能连游泳都不会？这该不会是什么金鱼被淹死了之类笑话的变种吧。听说就连人这种陆地生物，如果在水中分娩，那么刚生下来的小孩子都无师自通地会游泳呢。

倒不是说完全不会。仿佛看出我的疑惑，弗朗西斯用手比画出一个S形，说，那会儿苏珊是这样游的，像鱼一样。但是海豹可不是这样游泳的。它们要像蝶泳那样，一蹿一蹿的才对。

对啊，安娜接着说道，那会儿弗朗西斯每天都要在水里陪着苏珊，帮助它学游泳。训练了很久才把它的坏习惯改过来呢。

那之后苏珊的孩子们呢，还是你们教游泳吗？我好奇地问。

他们两人都笑了，说，之前是因为没有父母教苏珊游泳。现在苏珊自己会游，它的孩子还用我们教吗？

我也笑了。这是我走进救助中心以来第一次没有因为海豹刺鼻的体味而屏住呼吸。

在从他们的iPad上拷走一个名为"生命之环"（Life Circle）的文件后，我忍不住问了一个问题：你们为什么会选择救治海豹？

这问题我想了一路，之前我预想了很多答案，比如说"爱"啊，"环境保护"啊，等等。不过我没想到两人异口同声地告诉我：因为自然界里的生命是一个循环。

不是说什么前世今生，而是说我们与身边其他的物种，构成了一个循环。

临走时两人把我送到门口。正在握手道别时，忽然听到仓库里传来"昂昂"的叫声。我探头进去一看，不知道什么时候，那只来自于遥远他乡的小海豹，跳到了仓库的转椅上，正在对着我们大叫。

弗朗西斯轻轻地走过去，伸手把小海豹抱起，也不顾转椅上还有水就直接坐了上去。小海豹很满足地趴在他的腿上，享受着弗朗西斯父亲般的温柔抚摸。

安娜小声对我说：平时弗朗西斯最喜欢坐在那个椅子上抚摸那只小海豹。所以要是他不在的话，有时候小海豹就会自己爬到那个椅子上等弗朗西斯回来。有一次我把椅子搬走了，它找不到椅子，在那里急得直转圈。所以后来我们也就再也没搬动那把椅子，而是干脆留下来作为它的家。

049

不知为何，我想起一句诗："无情未必真豪杰，怜子如何不丈夫。"

　　　　　　　　　人的一切——面貌、衣着、心灵和思想，都应该
　　　　　　　是美好的。

　　　　　　　　　　　　　　　　　　　　　　——契诃夫

跳到椅子上的小海豹

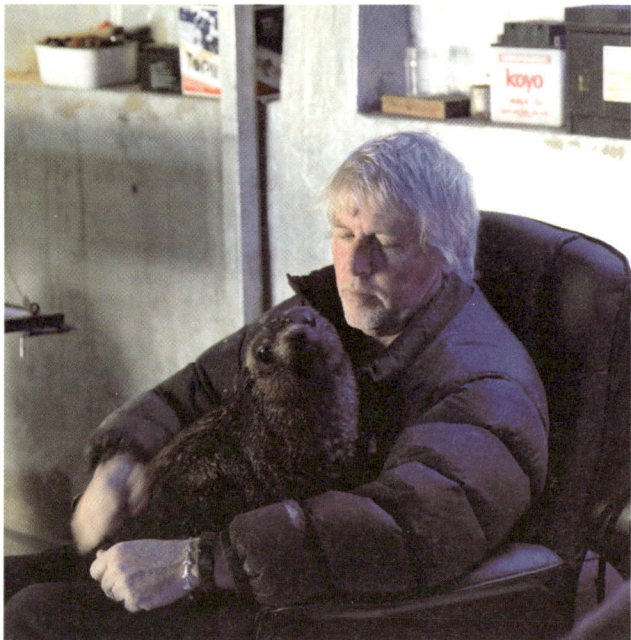

弗朗西斯把小海豹抱在怀里

海豹这种生物，过去我一向是敬而远之。我不了解人们为何执意杀戮海豹，但我也无心为保护海豹而大声疾呼，因为在我看来这些生物离我太远。就算是从物种多样性上来考虑，我也不知道在遥远海洋中一个从来没见过的生物，它的基因对我的生活和存在究竟有什么影响。

但从海豹救助中心离开时，我似乎明白了点儿东西。

不管是从人类自己的利益，还是从地球生物圈的角度来说，在一个多种生物共同发展的环境里生存，对人类这个物种都是有意义的。

不涉及任何道德上的评价，也不说是人本位还是环境本位，只说一个最简单的道理：如果这世界只有人类存在，那该是多么孤单和无趣啊。

对于弗朗西斯和安娜的工作，我觉得自己只能仰视。他们可以放弃自己其他的工作，把精力专注于救治海豹的事业，从中得到的快乐和成就感，我能想象得出，但是我做不到。

对于豪特湾角落里的海豹救助中心，我总觉得很矛盾。

一方面，我希望所有的人都知道这里。我希望他们可以呼吁、支持或者捐助弗朗西斯的事业，不要让他的椅子只有三条腿，不要让他只能用最普通的水泥砌池子，也不要让他的小仓库里永远是那种刺鼻的怪味道。

但另一方面，我又希望不要有太多的人知道这里，不要把这里开发成一个旅游景点，不要让这里变成人们施舍爱心的廉价秀场，给小海豹们留下最后一片安静的避难所。

安娜说，当荷兰人最开始抵达罗本岛的时候，岛上面全是海豹。罗本，在荷兰语里指的就是海豹。但是随着人类的不断进驻，没过多久岛上就已经一只海豹都没有了。此后那里关押过军人、麻风病人和政治犯，但是再没有过海豹的踪迹。

弗朗西斯说，海豹岛也就是这些年才逐渐好起来。在海豹救助中心成立以前，那里也不过就是片荒芜的礁石。没有海豹也没有水鸟，只有无休止的海风呼啸。

尽管海豹很臭，尽管我会对海豹过敏，尽管它们有着这样那样在我们人类眼中看来不好的毛病，但那就是它们的天性。我们永远无法也不能去改变另一个物种的天性，因为人类并不像自己想象的那样是这星球唯一的主宰，是高居生物链顶端永远不可被撼动的高级存在。

网上有个流传很广的帖子，叫"海豹寄给人类的一封信"。上面那只小海豹就大睁着圆圆的眼睛。回程路上，看着游船上那些正在兴奋地翻看相机挑选照片的人，其中一句话忽然跳入脑海：

你是我们唯一的希望！（You are our only HOPE!）

5

Five

品酒之旅

在现在的中国要想装高雅，品红酒是必修课。

当然，我不否认红酒是个好东西。我有个朋友名叫"宏玖"。刚认识他的时候，每次我叫他名字，都觉得一股淡淡的酒香，混合着酒窖、橡木桶与岁月的味道，飘在舌尖，荡漾在电话里。

再加上很多专家撰文说，红酒对身体健康如何有益，红酒如何在时光的洗礼下把生葡萄的苦涩转为甘甜，红酒的年份如何重要，红酒的产地其实并不重要，中国的红酒质量一点儿也不比国外的差，中国的红酒反而更适合保值云云……

最后这几条，让相信阴谋论的我立刻觉得，这肯定是酒托。再加上"保值"这两个字，更是号准了国人的脉。

在我印象里，小时候流行的称呼是"葡萄酒"，酿酒的地方叫"葡萄酒厂"，酒厂会出各种牌子的红葡萄酒和白葡萄酒。把它们简称为"红酒"和"白酒"，这似乎是20世纪90年代初的事情了。那时候很多从国外镀金回来的人会孜孜不倦地普及品酒知识：红酒配白肉，白酒配海鲜。因为大肉味道厚重，需要用同样厚重的红酒来压下去。而海鲜味道清淡，所以喝白酒才能品出海鲜的鲜味，而海鲜用来配白酒，更能最大限度地勾出葡萄的清香。

我没有做过调查，但在去过的一些国内城市里似乎很少能够见到白葡萄酒。酒桌上常见的逻辑是：是男的吗，能喝酒吗？能喝咱就上白酒。当然这里说的白酒是纯粮酿造的高度酒。女同志嘛，酒量小，那就来点儿红的吧。

于是红酒就变成了介于软饮和白酒之间的一种饮品。在人们的感觉中，它比啤酒更能打开酒桌氛围，酒精度又没有白酒那么高。然后再加上某些人高喊"红酒可以养生养颜"……

试想一下，如果去朋友家吃饭，带上瓶红酒是很有面子的事情。而要是拎箱啤酒呢？除非你是准备忍着主妇的白眼，然后和朋友一起过个难忘的足球之夜，否则你肯定就是啤酒推销员。

近年来又有人把红酒完美地引入中国饮食文化，弄出了例如川菜配红酒、炸物配白酒（白葡萄酒）的说法，使得中国的红酒消费量大增，也让众多的红酒商人欣喜若狂。在经济利益的驱动下，中国的假进口红酒也就越来越多。国产红酒出去在海上转个圈，回来就可以堂而皇之地冠以进口红酒的名头（不讲究的话连海都不用出，停在保税区里就变成进口货了）。反正我们的同胞中能品出红酒味道好坏的人并不太多。

中国不是没有品酒班。只是对于这种称不上舶来品的舶来品，我们的鉴赏能力远不如对白酒那么好。此外品酒班价格不菲，很多人觉得没必要掏这笔冤枉钱，看到价格就缩了回去。即使有人去，也不一定是奔着酒去的，想借此钓个金龟婿也说不定。总之，醉翁之意不在酒，在什么就见仁见智。

农夫们啊，我为你们祈求夏季多雨，冬季干燥。

——维吉尔

在开普敦停留的那几天，原本行程计划里预定了一整天的葡萄酒之旅。但我对此实在没兴趣。我承认我对葡萄酒有偏见———一想到中国蜂拥而起的不知真假的拉菲，我就觉得头疼。再加上我并不饮酒，对葡萄酒的了解也就非常片面，所以在到开普敦的第一天，我就对司机说：葡萄酒之旅意思一下就得了，要是没时间，不去也行。

结果司机听了我的话很不开心，开始劝说我：我们南非的葡萄酒很好的，非常棒，你一定要去看看。

我马上就想起以前去海南时碰到的卖土特产的小贩。导游把那些特产说得天花乱坠，然后游客们就像凭粮票抢面条一样，瞬间排成长龙。

于是我就很坚定地说：不去。我宁可找个超市什么的逛逛，也不愿意把时间浪费在酒庄里。

司机只得转过身去，但嘴里还是嘟嘟囔囔的：我们的葡萄酒真的很好……

我对这种碎碎念直接无视。

结果没想到，预定上桌山的那天，在酒店时还是阳光明媚，到了山脚下就开始下雨，而且越下越大。导游打了个电话，然后指着远处半山腰的一个灰色水泥房子说：看到那个房子了吗？那是缆车站。现在缆车站已经暂时停业了。

我问：你怎么知道？

他晃晃手里的手机，说：我刚刚给旅游办公室打了电话。上面现在有雾又有雨，整个桌山线路都停了。说完他指指路边的LED显示牌，说：你看这里不是写了吗？桌山现在关闭。

我一看，果然。硕大的红字："桌山关闭。"

以我的本心，这样淫雨霏霏的天气，回酒店睡觉自然是极好的。不过司机说，既然下雨那就去喝葡萄酒吧。雨中饮葡萄酒，特别有诗意。

好吧，下雨天，留客天。喝杯葡萄酒暖暖身子，看阴云卷阴云舒，也是好的。于是我们掉转车头，从越来越大的雨中掉头下山，一路向东。

开普敦的天气就像孩子的脸，你永远无法猜测它下一秒是阴是晴。车子上了高速路，天气却开始放晴。我不死心，回头看看桌山，发现那里仍然乌云盖顶，远远看去像戴了一顶灰色的草帽一样。想起桌山一年有一半时间在下雨的传闻，终于决定在繁忙的旅程中给自己放个假，听凭命运的安排，去酒庄看看。

车窗两边的景色不断变换，从最开始的城市慢慢变成了郊区，然后出现了大量的铁皮屋，司机说这里是贫民窟，大量的穷人都聚集于此。他们随便搭个房子，能遮风避雨就行。屋里自然没有什么排水设施，但对穷人来说也顾不得那么许多了。

从棚户区再往前走，慢慢就变得荒凉，地形也从丘陵变成矮山。偶尔能够

乌云盖顶的开普敦

艳阳高照的酒庄

看到有个小镇在远方一晃而过。阳光，却是越来越好了。

　　果然，好葡萄需要好阳光。为什么1982年的拉菲那么好？那是因为1982年的阳光好，收获的葡萄就好。不只拉菲，那年全世界不管哪儿的葡萄酒都不错。

　　车子大约开了半小时就抵达了目的地——斯泰伦博斯（Stellenbosch）。这里是著名的大学城，同时也是著名的葡萄酒产地。

　　斯泰伦博斯，应该算是城市吧，不过中心区域确实很小，也就是镇子的规模。大部分地区都是郊区，修建了许多酒庄。司机熟门熟路地把我们拉到了一家徽记是喷泉的酒庄。据说这家在所有酒庄中属于中等偏上水平——并不是顶尖的，但说得过去。用司机的话说，你又不会喝酒，太好的酒庄也没必要。不过我们南非的葡萄酒讲究的就是氛围，所以你必须得现场亲身体验一下。

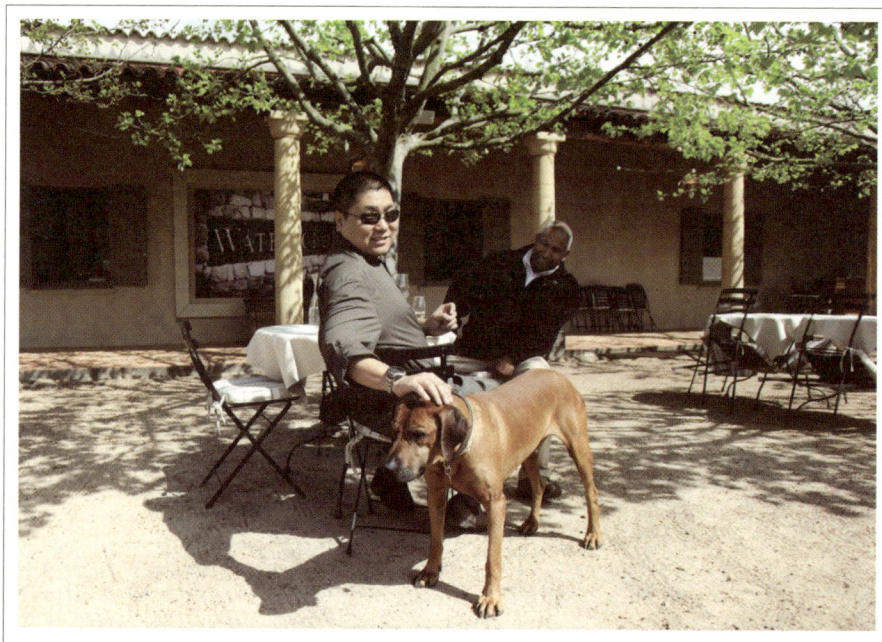

我知道贩售酒精饮品的厂家都各有各的绝招。比如说位于阿姆斯特丹的喜力啤酒厂就有个参观之旅，价格不太贵，其特色是最后的啤酒无限畅饮。参观完毕之后，只要你有肚量，喜力啤酒管够，能喝多少就喝多少。

为什么是参观之后呢？估计是怕参观前搞畅饮的话，喝躺下一批，然后喝完闹事的再被抓起来一批，最后真正去参观的人就少到没面子了吧。

要不说能够想出按照门大小收税的国家（旧时荷兰政府曾经以门的大小来收税，所以阿姆斯特丹很多房屋都有极大的窗户和非常窄小的房门），思想都奇葩得很呢！斯泰伦博斯也是荷兰人修的，在这点上有种一脉相承的搞笑感。

17世纪时总督号召人来修葡萄园，最后在此基础上有了斯泰伦博斯。我去的这家酒庄肯定不是最开始的那批，但也算历史悠久。他们的酒单就设计得很有意思。

你是新手吗？那好，这里有适合新手的品酒方案。一杯酒、两杯酒不会醉，是个微醺的意思。

你喝酒有一阵子了？那应该对各种酒多多少少有些了解。来来，这里有一套四到五杯的方案，看起来蛮适合你。

你是高手？哇，那你一定要来试试这个，挑战一下自己的舌头。琳琅满目的酒单上你可以任选多种，尝试组合之下，自己能否分辨出每种葡萄酒的味道。

我自信自己完全无法处理高手酒单，又不甘心做个"一杯倒"丢人。于是选择中庸之道——四杯方案好了。

第一杯酒上来，酒色清亮，衬着玻璃杯煞是漂亮。原谅我不会用那些专门来形容葡萄酒的字眼，我只能从一个普通人的角度出发去观察下它的基本样子而已。

好，一仰脖喝下去，像灌咳嗽糖浆。旁边的司机差点儿没把眼珠子瞪出来。估计他之前还以为我是托词，此刻才发现我果然不会喝酒，于是赶紧亡羊补牢，过来教我怎么喝葡萄酒。比如舌头该怎么卷着，该用葡萄酒去洗漱哪块儿的味蕾，等等。我忽然想到了周星驰在《大内密探零零发》里的说法：因为感觉酸味的味蕾集中在舌头的两侧，所以要把舌头卷成筒状，只让酒液在舌头中间流动。

随着第一杯酒上来的还有一块巧克力。看得出是酒庄自己做的，因为巧克力的中间被浇出了酒庄徽记的图案。我觉得太甜，就放在了盘子上没有吃。

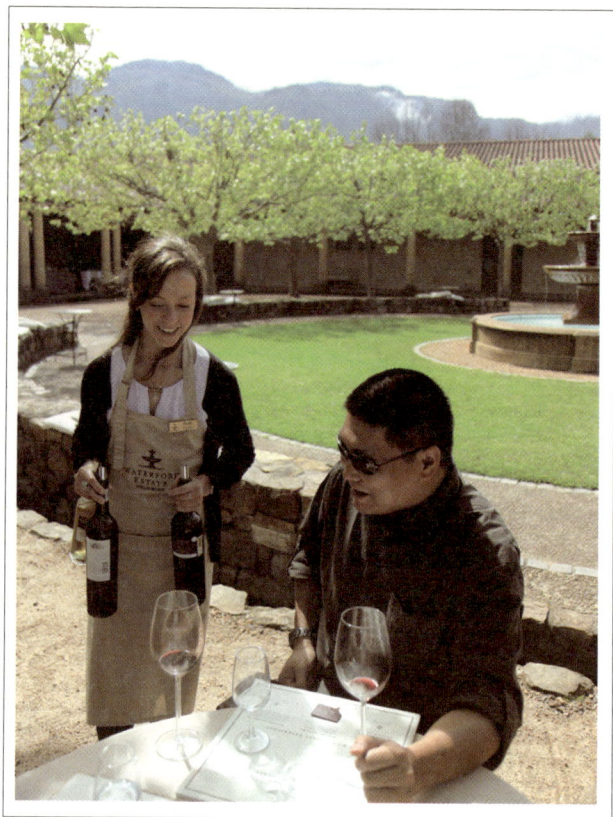

送来酒的葆拉

送酒上来的小姑娘看我没有动巧克力，特意和我说，巧克力是要配着吃的，这样才能体会出葡萄酒的香醇。我看了眼她的胸牌，上面写着"Paula"，于是就对她说：谢谢，葆拉。

说完我暗笑，想不到我的第二杯会是酒心巧克力。

第二杯酒，按照酒单上的介绍，说里面添加了岩盐，所以喝起来会有舔岩壁的厚重感和苦涩。我正准备喝，忽然想起葆拉刚才的叮嘱，于是拈起巧克力放在嘴里，然后按照导游的介绍，把葡萄酒一饮而尽。

从来没喝过这么难喝的东西！

什么岩壁……这完全是舔海沙的感觉好吗？酸、苦、涩，所有一切能够想到的恶词一瞬间全部涌入脑海，完全是恶向胆边生的节奏啊。巧克力没有一丝一毫香甜的感觉，完全变成了一块橡皮，随着每次咀嚼而吧唧吧唧地糊在牙上。

说好的酒心巧克力呢？怎么瞬间变毒药了？

导游再次大惊失色，说：你怎么把巧克力现在就吃下去了？

舌头已经完全无法承受那种恶劣味道，干脆罢工了。我梗着脖子把那团能杀人的玩意儿咽下去，眼泪汪汪地看着导游和旁边同样目瞪口呆的葆拉。

对不起，对不起……葆拉连忙向我道歉，说，那巧克力不是现在吃的呀，是喝完以后才吃的。

哦，我明白了，原来是个清嘴的东西。就像国内烹饪大赛时两道菜之间的那碗凉水一样。

只是贸然用巧克力搭配这款岩盐酒的我，此刻已经完全想不起那么多高大上的东西了。此时最想要的就是个冰激凌，越甜越腻越能糊住味蕾越好。

第三杯酒我等了很久才喝下去。这次按照正常的顺序来，清口，葡萄酒，再加上巧克力。总算品出了一点点酒味。

最爱的是第四杯酒。甜滋滋的像糖水，完全没有什么酒味。我想如果此时此刻我再嚼块巧克力，那才有我期待的酒心巧克力的感觉。只是已经被吓怕的我，没敢再进行这种危险的尝试。

上午的阳光温暖不炽热，晒得人懒洋洋的。有点儿品出味道的我又要了一份四杯酒。这次没有再像之前那样一饮而尽，而是慢慢地小口抿着。

生活中最大的幸福是坚信有人爱我们。

——雨果

远处的山脉清晰可见，空气里甚至可以看到风的颜色。巨树如伞，树冠下支着几把阳伞。酒庄中央广场上是标志性的喷泉，四周零散摆放着一些酒桌。不远处有一对情侣正在对饮。两人时不时大笑，时不时低语，似蜜里调油。

想来应该有很多人会来这里品酒吧。一杯酒约合人民币20元，比酒吧便宜很多。再加上这种浪漫氛围，应该是热恋中男女的圣地。相比之下，酒吧、夜店就纯属刺激感官了，找激情可以，谈浪漫却总觉得不是味道。

酒庄似乎总会和这种感觉联系在一起。记得1995年看过《云中漫步》，所有的情节都忘光了，就记得女主角在装葡萄的桶里跳舞压榨葡萄的镜头。

哦，对了，还有里面的订婚戒指，是巧克力糖纸做的呢。不知道远处那对男女情侣是不是准备把刚才包巧克力的糖纸用起来呢？

旧世界葡萄酒指得是产自欧洲的葡萄酒，通常比较贵一点儿。而斯泰伦博斯的葡萄酒占据了新世界葡萄酒的一大部分。物美价廉，应该是对它一个很好的评价。

其实就算品酒之旅结束，我仍然有些晕晕乎乎的：不是因为喝了八杯酒，而是虽然喝了八杯，却仍然不懂品鉴葡萄酒。

我相信文字的力量，所以对于如何评价葡萄酒也的确看过几本书。比如说，一看二吸三品四总结，又比如说形容酸要用脆爽、活泼、明快、活力充沛；形容口感用耐嚼、生硬、粗糙，或者如天鹅绒般柔顺；形容酒体要用清瘦、纤细、油腻、集中或庞大……

是因为翻译的问题吗？我觉得这些形容词和葡萄酒完全不可能联系在一起啊。一种饮品用耐嚼来形容？能说出这种话来的人，你确定你的体育老师在教你语文之前真的不是卖麻辣烫的吗？

在微信朋友圈里看到有人说：作为一个对酒毫无鉴赏力到避之唯恐不及的Low人(品位不太高的人)，只有两种酒乐于尝试，一种叫"像糖水"，另一种叫"颜值高"。花间一壶酒，管它好喝否？

唉，看来我真是一个Low人……

6
Seven

地主的鬼镇

一阵隐约的铃声飘过，婉转而悠远。听着有些像儿时的八音盒。

　　打开房间的门，只看到一个苗条的背影走过。她手里拿着一个好像扬琴的东西，边走边敲，发出叮叮当当的声音。虽然音阶很少，但她仍然可以用它敲出一首简单却动听的曲子。

　　窗外，天已经黑了。远处的山脉却还依稀可见。天空残留着一丝光亮，分不清是月光、星光，还是刚刚落下去的那点点散碎的斜阳。这光亮衬得天空发出蓝色，绝不是黑，而是一种好似最上等的孔雀绒般的颜色。

　　这就是非洲旷野的夜色。

　　在这片夜色下，身旁的小镇就显得格外的萧瑟了。火车停在月台旁，车站在小镇的边上。隔着火车车厢，一边是亮着灯的镇子，另一边则是漆黑而广袤的非洲大陆。苍凉而古老的气息，混合着现代化的灯光，达成了一种巧妙的平衡。

　　　　　　　　　告诉我你喜欢吃什么，我就能了解你的为人。

　　　　　　　　　　　　　　　　——安特姆·布里亚特·萨瓦伦

马济斯方丹，一个维多利亚式的小镇。古朴与斑驳构成了这座小镇的主题，时光仿佛在这里凝固，岁月常常在这里低吟。在那些旅游攻略里，这里仿佛就是人间仙境一般。

马济斯方丹，是我在南非游走时，遇到的第一个记不住名字的地方。之前无论是约翰内斯堡、萨比萨比、克鲁格还是开普敦，都属于多多少少有些基本记忆的地方。不说有多出名，至少也曾经听人提起过。而马济斯方丹这个绕嘴的名字，往往让我和其他名字里有"方丹"二字的地名搞混。要知道，南非的地名往往都是荷兰语、当地土语或是英语的音译。这"方丹"二字，实在是常常出现。

这里距离开普敦240千米车程。如果开车从开普敦出发，沿着国道一路向北，很快就能到达这座小镇。然而我想，无论是在过去还是将来，这座小镇都不是一个建立在公路交通上的城镇。它的灵魂属于铁路。

正如我们的火车行程一样，在过去一个多世纪里，无数游客或是工人，搭着豪华客车或者寒酸硬座，要不干脆就坐在货车顶上，沿着铁路，破开开普敦周围的山脉，伴随着耳边的"咣咣"声，一路驶向自己梦想中的地方。他们的肤色有黑有白，体形有胖有瘦，年龄有长有幼，唯一相同的，是脸上那种充满期待、满含憧憬的神情。

和其他的各类"方丹"不同，前往马济斯方丹的人，心里多半只抱定着一个梦想：发财致富，然后衣锦还乡。天下熙熙，皆为利来，天下攘攘，皆为利往。自从地球上发掘出金矿银矿之后，发财的梦想就从来没有从人类的脑海中消失过。

马济斯方丹的地理位置其实很一般，既不是战略要冲，也没有什么特殊资源，一切的一切都只因为一个地方——金伯利。

就像淘金热成就了牛仔裤和加利福尼亚州一样，金伯利的钻石矿成就了马济斯方丹。现代的成功商人都知道，当一个潮流起来的时候，如果跟着潮流跑，最后的结果只能是被潮水毫不留情地打入海底，成为衬托别人成功的分母。在加利福尼亚州淘金热伊始，当矿工们还在撅着屁股挖地球的时候，卖镐头的人却首先发了财。然后卖帆布的人积压了库存，干脆就把帆布做成了裤子，于是赚得盆满钵满。再然后，开酒吧的和做墓碑的也都发了。就连那些浓妆艳抹的女子也揣着"钱多人傻速来"的电报，呼朋唤友地拥到金矿边上做起皮肉生意。

多年后，当牛仔裤已经行销世界的时候，有哪个矿工真正发了大财然后名垂青史呢？博尔达（José de la Borda）可是只有一个，无法复制。再说他也只能算是发了财，知名度远远不够。

因为在附近山里发现了金矿，于是有了现在的约翰内斯堡。郊外小溪旁一个男孩捡到了块闪亮的石头，于是有了金伯利。那些采矿的人在金伯利辛辛苦苦挖了个坑出来，却因此而有了马济斯方丹。世界就像一个巨大的打地鼠游戏：你瞄着某只地鼠一门心思地砸下去，但锤子却总会落到其他地鼠头上。

永不停息的火车为金伯利带去了无数心怀淘金梦想的人。然而就像所有历史上发生过的故事一样，最早发财和最后发财的人往往都不是那些矿工。

据说，是一位叫吉米的苏格兰人在这里白手起家，置办下了无数产业，从此才让这个城镇声名远播。

毫无疑问，吉米属于那种很有抱负的聪明人。某种程度上，他可以称作近代白人奋斗史上的一个典型。他出身中产阶级，父亲在铁路局工作，这让他从小就对铁路产生了巨大的兴趣。15岁从学校毕业以后，他也进入铁路公司，担任了售票员的工作。

他从来也不具备成为铁路大亨的潜力。这点相信他自己也很清楚。干了两年之后，他决定像他那个时代大多数欧洲人那样，投身航海事业。

做水手的日子是很辛苦的。如果不能混成船长或是借此成为大商人，那前途如何真是件说不好的事儿。辛辛苦苦卖命一辈子，然后在某次病得不能动的时候被扔下船，或是死于一次莫名的口角私斗，"沟死沟埋，路死插牌"，都是再正常不过的事儿。所以借着一次因为暴风而紧急上岸避风的机会，他干脆就下了船。此时，他身上仅有五英镑。

不过总算还好，凭借着过去在苏格兰当过售票员的经验，他进入了开普敦殖民铁路公司工作。当时这家公司还处于草创时期，机会很多。所以很快地，他就从扛东西的搬运工一路扶摇而上，仅仅一年多就成为当时的开普敦车站站长。

在现代人的眼睛里，这几乎属于张好古那种连升三级的好运了。但在当时而言，这其实是很正常的现象。别忘了，那时候的南非是白人的天下。无论是布尔人还是英国人，只要是白皮肤，天生就具备了快速晋升"火箭干部"的可能性。无论是做官还是经商，肤色都是影响条件。即使有人短暂落魄也很快就能东山再起。更何况，当时的南非正值英国人急剧扩张移民的时候，到处都是机会，到处都是职位。只要真想做点儿事，不论在欧洲时过得如何窘迫，来到非洲就意味着一个新的开始。

但是吉米和其他那些混饭吃的白人不同，应该说，他身上具有足够的生意人的精明。前面说过，淘金的矿工没发财前，卖裤子和镐头的人先发了。当吉米升任了区域督察以后，他发现：机会来了。

当时他在距离马济斯方丹不远的地方工作，再往北就是金伯利。当时的金伯利地区，除了钻石矿还发现了金矿。这两种矿产在这个星球上都是绝对让人心动的好东西。很多人跑去淘金，连带着的就是住宿和食物价格的暴涨。

蒸汽火车在铁路上行进，自然需要经常补充煤和水。但这笔大生意涉及诸多资源内幕和潜规则，吉米根本啃不动，于是他就把注意力转向提供住宿和食物上。而在铁路公司的便利，使他有机会把食宿和铁路联系起来。

和那些在火车上卖高价盒饭的阿姨不同，吉米要做的是铁路餐车和铁路餐厅。最开始他只得到了在他工作的火车站开设铁路餐厅的许可。但随着生意越来越好，他干脆辞掉了工作，一门心思专注于自己的餐厅和酒店事业。

马济斯方丹，刚好是前往金伯利途中火车必经的一个加煤点。吉米看中了这个地方。于是在20多岁的时候，他举家定居在马济斯方丹。在这里他取得了建造酒店的许可证，而从那时起，马济斯方丹的名字也就和吉米联系在了一起。

如果没有吉米，马济斯方丹就会像这一路上无数荒废掉的小车站一样。起初人来人往，但随着经济重心的转移和淘金热的衰退，人流逐渐变得稀少。再过些年内燃机车和电力机车出现，不再有人需要停下来加水。小镇里的年轻人开始出去打工，谁也不愿意再闷在动辄鸡犬相闻的镇子里。再之后，他们在大城市慢慢扎下根去，娶妻生子，把老人接到城里。曾经喧嚣的小镇变得安静进而破败，曾经活力无穷的车站，在风雨的洗刷下腐朽风化。玻璃被顽童砸碎后无人修补，屋瓦掉落后，房子干脆就开了天窗，仅有的一些家具在某个深夜被人顺手拿走后就再也不见踪迹……

这样的小镇，在非洲大陆上有成百上千个，这一路行来我都已经看到麻木。然而，马济斯方丹不是。

吉米在马济斯方丹修了一个富丽堂皇的维多利亚式度假酒店。在供人休息餐饮之外，提出的一个噱头是这里的空气对治疗肺病非常有帮助。和中国一样，工业发展的时候，和净化空气有关的生意总是特别好做。因为没什么具体衡量指标，效果如何也往往凭感觉。当然这也是当时欧洲社会的主流浪潮。很多欧洲人去非洲的目的就是治疗肺部疾病。没想到的是，这个酒店后来成为了很多有钱人和名人常常造访的地方。

德比尔斯的老板罗德斯来过这里，迈克尔·杰克逊也来过这里。

如今，我们的火车也停靠在了马济斯方丹的车站。

天才只意味着终身不懈的努力。

——门捷列夫

吉米的产业现在怎么样了？这是我关心的一个话题。

在网上各类游记来看，此地被夸赞得天上少有地下绝无。四季常开不败的鲜花，清澈见底的小河，整个南非最地道的咖啡，还有充满着梦幻色彩的维多利亚风格小酒馆，仿佛让人置身于世外仙境。

所以当我从充满历史感的车站里漫步出来时，刻意放轻了脚步，不想惊扰这个沉睡着的小镇。

070　走出车站，直面的是一条东西向的大街。街道不宽，也就仅供两辆车并排而行。路面很干净，路旁是一座座的酒店和民居。路上没有人，很安静。既没有人声嘶力竭地叫卖，也没有都市里那种行色匆匆的奔忙。

这条大路把镇子一分为二。大路南边是火车站，北边是镇子。

顺着大路向东走，路过周围停着的若干辆古董老爷车，大约五分钟就走到了尽头。一条向左弯的小路，把小镇的轮廓勾勒得一清二楚。顺着小路走过去，路的尽头是条小河。走上石桥过了河，也就算出了小镇。

没到石桥时，路左边有个花园。轻轻地走进花园，可以看到一个漂亮的圆形水池。水池中央有喷泉在喷出晶莹的水花，两只鸭子在水中嬉戏，打碎出一池的涟漪。

穿过花园，又兜回到一开始的大路上。路边的建筑颇有历史感。有些是行政机关，像出生/死亡登记办公室，也有银行和加油站。

银行有点儿吓人。一走进去就看到一个脸色灰暗的人站在柜台后。仔细看就会发现，这是个蜡像，只是做得颇为逼真。柜台上摆放着天平和其他一些票据，看得出，这还是金本位时代遗留下来的风格。当年那些矿工说不定就在这里把口袋里的克鲁格金币换成散碎零钞，然后再带着希望衣锦还乡吧。

夜幕下的马济斯方舟

有着壳牌标志的加油机

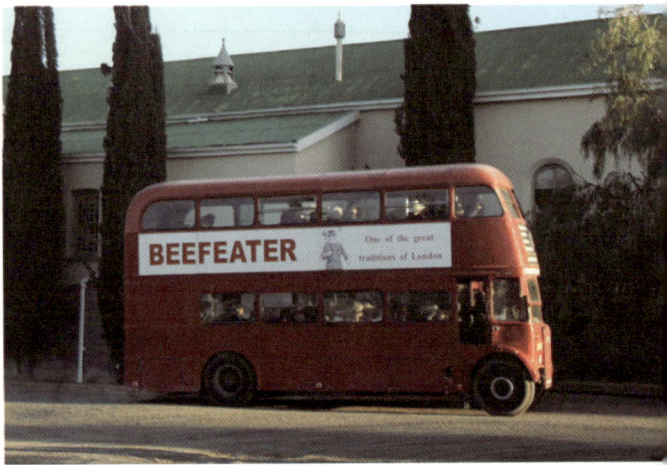

双层巴士

　　加油站也颇为有趣。几台黄色的加油机上有着大大的"SHELL"（壳牌）字样，其古旧程度很像早年的投币电话。我走过去，很失望地发现，这只是历史在这里留下的一个切片罢了——漂亮的加油机里，其实并没有汽油。或者说，它没汽油至少好几十年了。这种老式加油机基本上和大密纹唱片是同一个时代的产物。

　　顺着大路一直向西，迎着夕阳很快就走到了镇子的另一头。不同于镇东侧，西侧的住宅和酒店多了起来。很多酒店的大门外都钉着铜牌，以金属的质感对抗岁月的流逝，记载下曾经有过的辉煌。

　　无论是住宅还是酒店，院子里都花团锦簇。花朵在苗圃里被修建得整整齐齐，非常漂亮，仿佛一直有人在精心地打理着它们。

　　是的，我漫步在这个镇子里，看到了鲜花、流水、小桥，看到了老爷车、博物馆、旅社、酒馆、银行、加油机……唯一没看到的，就是人。

这个镇子，竟然没有人！

无论是那些锁着的庭院，还是敞开大门的房屋，抑或是亮着灯的住宅，我走了一圈，居然一个人都没看到！

宁静的小河畔，溪水缓缓流淌。

喷泉池里，水珠闪耀着金光。

加油机旁，仿佛上一个加完油的人的指纹还留在油枪上。

博物馆里，门前的捐献箱敞着口，最后一枚硬币落进去的叮当声依稀在耳旁。

但是，人都去哪里了？

> 天上不会掉下玫瑰来，如果想要更多的玫瑰，必须自己种植。
>
> ——艾略特

沿着大路往回走，一辆双层大巴车从远处缓缓驶来。

已经习惯了这种鬼城般宁静的我被大巴车上传来的声响吓了一跳。

原来，这是一辆旅游大巴；原来，它的票价很便宜，只是从火车站开出，绕着镇子走一圈；原来，这座镇子还是有人的……

大巴慢悠悠地从身边开过，扬起一片灰尘。从车窗里看进去，发现里面的乘客其实都是火车上的旅伴。真正的当地人说不定只有司机一个。

走回火车站，发现站台上居然还有一个博物馆——开在站台上的博物馆，此前我真是没有见过。这家名为玛莉罗登的博物馆里面陈列的是100多年前小镇上住户的各种用品和信件。好吧，我承认，其实我觉得外面那个"鬼镇"看起来更像是个凝固了的博物馆……

好在博物馆里还是有保安的。我抓住那个像幽灵一样飘来飘去神出鬼没的保安，和颜悦色地企图从他嘴里套出"鬼镇"的秘密。此时的我，仿佛一瞬间被所有古往今来的大探险家一起附体了一样——狂热且毫无畏惧。利文斯通，赐予我力量吧！

然而发现，答案真心没劲啊……

保安表示，黄道吉日这种说法其实还是很有道理的。网上帖子里那些美好的景色啊、咖啡啊、侍者啊、名人政要啊，还是有的，但总是要赶上特定日子才会有。平时日子里这个镇子就是这样冷冷清清。虽然有人被雇来打扫庭院，但一旦做完人家就自顾自地开车走了。而这里的住户总共也不过200多人，大多数时候还都不在。这个镇子上有邮局，兼卖些小纪念品。但没有警察局，没有医院，没有学校……像我们这个时间才过来，夕阳西下，万籁俱寂，能有他和旅游大巴司机在这里等着就不错了。而他也眼看就要下班了……

我不知道迄今为止仍把持着马济斯方丹的是不是还是吉米的后人。保安的谈话里屡次提到，现在的小镇已经被豪门完全买了下来。在说到这个豪门的时候，保安用的词是"地主"和"所有者"。

这"地主"二字，我相信并无任何政治含义或贬义在里面。因为根据资料显示，老吉米去世后，他的儿子和继子们继承了他庞大的商业帝国。提供食宿的酒店从最开始为淘金者服务，转向以维多利亚风情为立意。而吉米本人就被称为"马济斯方丹地主"，他的酒店也被称作"地主"。

保安最终也没能向我证实，现在的小镇豪门究竟是不是吉米家族。但我想，不管是谁，他的行为其实是种坚守，而这种坚守实际上拯救了小镇。

听说，现在开普敦地区有些新人结婚时，仍然会选择到马济斯方丹举行婚礼。

我想，这或许就是历史和现实的一种交融吧。

我坐在餐车里，看着窗外的小镇。夜色已沉，小镇的白色街灯在寒风中伫立。灯光只能照亮旁边的大树，其他地方就显得昏暗无力，被黑暗所吞噬。但也因此，天就显得很通透高远。

火车轻轻一晃，开了。沿着当年淘金者的狂热之路，继续向北。

7
Six

罗德斯是谁

行为是一面镜子，反射出每一个人真实的自我。

——歌德

富人到底是种什么样的生物？这是个富人自己都不知道答案的问题，也是个穷人最想知道而且往往认为自己已经知道答案的问题。那些月薪八千的人告诉月薪三千的人说月薪十万的人如何生活，不过是这一问题在当今社会的具象化而已。

其实这问题，很多时候真是无解：竖子成名，未必真是自身有多大的能力或长处，无他，只是时势造英雄尔。

所以说，从大学辍学从来不是必要条件，在车库组装电脑也不是必要条件，甚至儿时身怀远大理想企图有一天拯救人类也不是必要条件。成长过程中，人总会受到外界环境的影响。每个十字路口，人都会做出自己的选择。无数个选择积累起来，就造就了今日的自己。

现在的女孩子在喜滋滋地准备结婚时，是否想到过：如果很久很久以前，南非开普敦附近的环境可以更好一点儿，她们的伴侣还会不会为手上那块小小的透明碳晶体而花上一大笔钱？

去非洲之前，很多朋友打电话给我：听说你要去南非？呵呵……哈哈……好事情啊，帮忙带点儿钻石回来吧。

对此类的要求，我一概报以苦笑。一方面，我不想让钻石店的店员觉得中国游客都是财大气粗的冤大头，一出手就是几十颗钻石包圆儿（听说纽约第五大道上奢侈品商店招店员时，会中文者优先）。另一方面，我觉得动辄带着天鹅绒袋子装的钻石走来走去，多是走私贩和毒枭爱做的事。而且这一路要经过很多国家的海关。"清酒红人面，财帛动人心"，钻石肯定是万恶之源。

所以我不顾情面，拒绝了所有那些不知是真是假的朋友提出的不知是真是假的钻石代购请求，一身轻松地踏上旅程。然后一路上都很庆幸我的厚颜——"匹夫无罪，怀璧其罪"，一口袋宝贝其实就是拴人的手铐啊。

那天一身轻松，决定下车去逛逛。路上很开心啊，人在旅途，没有贵重物品的牵绊，实在是很幸福的事情，这才是说走就走的旅行。回来的时候经过观光车厢（火车最后一节露天车厢），看见老安迪正端着杯饮料看着酒吧旁的电视呵呵笑。我就问，安迪，你在笑什么？

安迪说，这张漫画蛮有意思。

我回头一看，电视上正播出一幅漫画：一个矮胖子，跨在地球上，做指点江山状。

要知道，虽说绘画是一种跨国界的语言，但每个国家的漫画风格还是有区别的。比如说，这种大鼻子画法一看就知道是美国人画的。说实在的，过去受到的教育让我觉得帝国主义野心狼们常常抱起团来恶心我们的第三世界穷兄弟，典型例子就是美国人最喜欢恶心亚洲人。而大鼻子们之间的窝里斗倒真是很少见。我很有兴趣地坐了下来，听一身牛仔装的导游口若悬河地给我们讲古。

说到这里，就不得不说到"非洲之傲"的导游安排。和邮轮的旅行安排有些类似，火车和邮轮都只是运载工具，赚的就是个辛苦钱，某种程度上和小巴士一样。至于说到了地头该坐什么游览车该去什么景点，则全是旅行社在安排。而旅行社通常都会在邮轮和火车上占据一个不错的位置，每天向你宣传：来吧，不到某某地方，那可非好汉啊。

如果你以为旅行社就是火车或邮轮公司自己开的，或是两者关系密切到合穿一条裤子，那你就错了。你完全可以一分钱都不给旅行社，自己找个折叠自

077

行车骑上就走，服务员绝不会给你白眼。因为这与他们毫无关系，旅行社不过是借地摆摊子而已。

所以我喜欢享受在国外旅行时那种旅行社追在屁股后面喊：亲，来听听吧，那边很有意思啊亲。亲，我们可以先玩后付款，玩爽了再给钱啊亲。亲，给个好评吧亲……听爽了再决定去不去。就算不去，旅行社也绝不敢因此对你心存怨恨，只能怪自己口才不好。

话题扯远了。车上的这个白发老人，我对他的第一印象是个得州牛仔，听起来却是知识渊博。他广征博引、口若悬河，恨不得从三皇五帝说到量子计算机。种种奇闻趣事历史典故，更是信手拈来。

于是，我才在抵达金伯利的前夕，知道了这个世界上曾经当之无愧的富人——塞西尔·罗德斯。

来到金伯利，总要认识下罗德斯。就像"技术宅"们去了美国，总要想方设法去比尔·盖茨家外面或是微软大楼看看一样。不过相比两者的知名度，恐怕大多数人会说，比尔·盖茨谁不知道，可罗德斯又是谁？

比尔盖茨和华盛顿谁更有名？这个很难说，但通常来说，应该是后者。一美元钞票全世界到处都是，微软毕竟没把旗子插到月亮上去。

罗德斯被人称为"不可或缺的南非与大英帝国历史的参与者，其地位如同乔治·华盛顿或亚伯拉罕·林肯之于美国历史……19世纪末的南非历史，大部分都由塞西尔·罗德斯书写"。

比尔·盖茨的成功在于，他让自己的励志故事和微软的大名一起响彻世界。而罗德斯生活的年代要更早一点儿，更没有掌握互联网这种瞬间通达世界的利器，所以现代人，尤其是现代亚洲人，只知道他的公司而不知道他本人也就不足为奇了。

但就是他的公司，却是无数男人的眼中钉，无数女人的梦中恩物……这家公司，叫德比尔斯。

"钻石恒久远，一颗永流传。"这句广告词，打动了无数女人的心。爱情的美好被凝固在了这句话里。我体谅你没房没车，但如果连个钻戒都不肯买给我，怎么能证明你对我的爱呢？很多人，尤其是女人，会这样想。钻石=坚硬=坚固。一枚钻戒，证明了财力的同时，也能给爱情加上一个保险箱，这实在

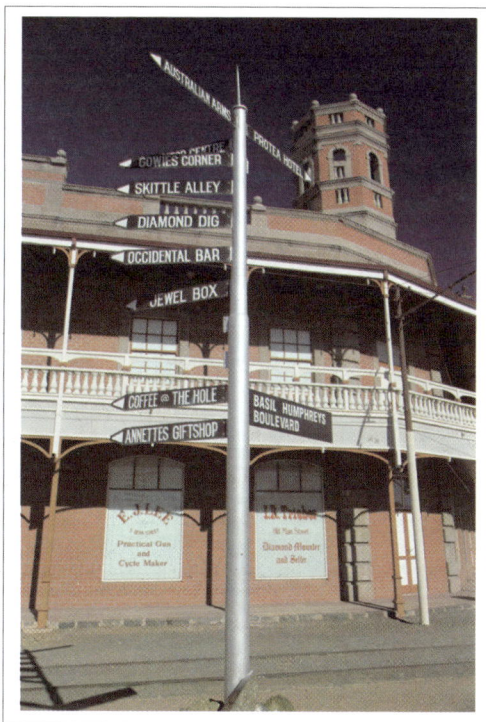

废弃的金伯利矿镇上的道路指示牌

是个广告营销学上的经典案例。

无论是在电影里还是生活中，总有人在呼吁，非洲很多地方的钻石是"血钻"。那里的矿工过着悲惨的生活，流血流汗，所得甚少。而天然钻石的价值又实际上被大型跨国公司操控，通过饥饿销售法和控制货源的手段，让其价格和价值严重背离。

不过老牛仔要介绍的并不是矿工们的生活有多惨。因为马上要到金伯利，而曾在这里工作的工人，其实是抱着淘金的想法而来。所以今天要说的，是那个在金伯利诞生的经济怪兽，甚至可以说，曾经影响了世界的经济政治共同体的怪兽。

和那个时代的大多数英雄或富豪一样，罗德斯从来也不是"老钱"家族的一员。他的父亲是教会成员，他是家里的老五。不过从小他的身体就不好，因为哮喘他曾经中途退学。同样也是因为哮喘，家里人把他送到了非洲。他兄弟

于钻石矿场内留影

在南非建立了一个种植园，而当时整个欧洲的看法是，非洲空气新鲜，对哮喘病患者的休养很有好处。

当时的欧洲很流行把人往海外殖民地送，让人不得不怀疑，整个欧洲是不是已经完全变成了浓烟滚滚的污染源。不过这也难怪，当时的欧洲，尤其是英国，本就是工业时代的先驱，环境自然差得一塌糊涂。

如果当时南非那种温暖的气候能够更适合种植棉花一点儿，恐怕也就不会有下面的故事了，罗德斯可能将作为一个农民，面朝黄土背朝天，辛辛苦苦地过完他的一生。只是当罗德斯才对种植业培养出点儿兴趣，他和他的兄弟就愕然发现，当地的气候和土壤其实并不适合种棉花。

有时最艰难的不是放手，而是学着如何开始。

——尼克·索邦

18岁的前农民罗德斯去了金伯利。按照官方记录和老牛仔的说法，在接下来的17年里，罗德斯一直致力于收购当地的小型钻石矿。不过按照之前我们说过的，挖金子的和卖牛仔裤的比起来，后者才是真财主的那个定律，我相信罗德斯在最开始肯定还是企图继续他的农民梦。他应该是买了个农场，种了两年地，赚了点儿小钱，买了些小钻石矿，然后把农场交给他的生意伙伴，自己回到英国去继续念书。"无论哪个行业，除了科学界，牛津人都在顶层。"牛津控罗德斯自然去了牛津。

不过这个时候坏消息传来。钻石矿场的收益很差，很多人都萌生了退意。记得中国曾经把"贫油国"的帽子戴了几十年吗？小钻石矿场也不是一锄头下去就挖得出钻石来。然而此时罗德斯和他的生意伙伴拉德则选择了坚持下去。他们坚信，在那些较为柔软的黄色岩层之下，应该蕴藏着大量的钻石。

还记得一开始我就说过，其实富人有时候都不知道自己是怎么富的吗？罗德斯并非地质学家，他的坚持现在看来没什么道理。不过和他同时代的那些小矿主没能坚持到最后一分钟，失去的不只是个发财的机会，更是一个打造帝国的机会。

接下来的商业竞争自然是血雨腥风，这自不必多说，题中应有之意。哪怕是依靠实业起家，资本的原始积累也都是血淋淋的。只是出于为尊者讳的原因，之后大家都对此避而不谈。其实不用说，人们也基本能想到。

富人有钱了之后做什么？一方面要变得更有钱，另一方面要玩得心跳刺激。古往今来的富翁都如此，无论是邓通还是比尔。

怎么能更有钱呢？下策是卖力气挣死钱，一分耕耘一分收获，而富翁们是不可能再做这个的。中策是拿资本来投资，钱滚钱，富人们大多时候都是这么干的，不过这样守成有余而进取不足。上策则是打造帝国，制造垄断，用现代些的话说则是卖标准。说一不二的不只是世俗的帝王，还有价目表上的那堆耀人二目的零。

钻石矿场一角

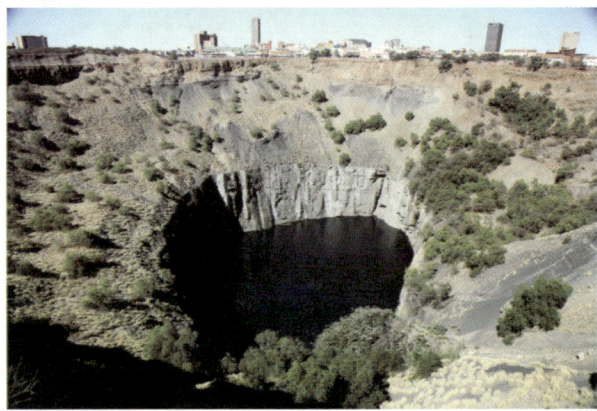

废弃的钻石矿坑

德比尔斯矿业公司，就是那个著名的"一颗永流传"的德比尔斯建立后，与一家以伦敦为基地的辛迪加达成协议，双方一致同意联手操控世界上的钻石供应量，以维持钻石的高昂价格。当然，这是在俄罗斯那个西伯利亚钻石矿被发现之前的事情。

众所周知，钻石是碳的同素异形体，经过了高温、高压而形成。从使用上来说，天然钻石与人造钻石基本一样。但垄断的结果就是天然钻石的价格变成人造钻石的成千上万倍。这种近乎作弊的圈钱速度，为罗德斯能玩得心跳刺激提供了巨额的经济支持。

钱是英雄胆。有了胆，罗德斯决定从政。他从一个乡下选区开始竞选。当地人都是些近乎愚忠的布尔农民，就算罗德斯日后反对布尔政权，他们仍然毫不犹豫地选他担任当地终身议员，甚至把他推上了总督的宝座。

罗德斯始终相信，他能够用金钱和影响力来推翻布尔政府，最终在当地成立一个亲英的政府。为了这个目的，他不惜组织了一支主要由公司安保人员组成的突击队，决定偷袭布尔政府。

当然，这件事最后遭遇到了可怕的失败……德兰士瓦政府差点儿把罗德斯的长兄，也是突袭部队的领导人，绞死在广场上。罗德斯难辞其咎，不得不辞职以谢。

但十多年大权在握的日子已经足够罗德斯逍遥了。他的公司疯狂扩大。一方面，全世界的人对钻石无理由的疯狂与喜爱，给罗德斯提供了足够的资金支持。另一方面，他又凭借自己的政治地位，利用和地方议员以及英国专员的良好关系，获取了大量的采矿特许权。他的帝国国土面积与日俱增。那些反对这些条约的当地土王，最后于种种压力之下纷纷屈从——罗德斯连打带踢，双管齐下，稳稳坐牢了赞比西亚实际领导者的宝座。

在非洲有条河，叫赞比西河，赞比西亚的名字就从这条河而来。通过政治、经济等各方面手段，不列颠南非公司的地盘早已从南非扩展到了中非，它的地盘被统称为赞比西亚。再后来，这片土地被改名为罗德西亚，这个名字就是从罗德斯的名字演化而来的。实际上，早在更名之前好几年，在当地土语里就已经开始用罗德西亚这个名字了。

所以说，抛去现代传媒的加成，比尔·盖茨的知名度可能真无法和罗德斯相提并论——或许只有罗斯切尔德家族才可以。罗德西亚地区在更名三年后分裂为三部分：赞比西河以南更名为南罗德西亚，此外还有西北罗德西亚和东北罗德西亚。后来，西北罗德西亚和东北罗德西亚合并为北罗德西亚，也就是现在的赞比亚。

所以这也就是我非常诧异的一点：为什么如此一个人，在"最伟大的南非人"里居然只能名列第56位呢？前面这55个人都是谁啊？曼德拉？图图大主教？那剩下的53个呢？

不知道那些人是谁——但我想来，他们的哀荣不会比罗德斯更盛。"北京前门外打磨厂万益祥木场买的货，这个材料叫金丝楠挂茵陈里儿，棺材上三道大漆挂金边儿，头顶福字儿，脚踩莲花儿……"这是老北京平民最体面的白事了。相比起来，罗德斯的葬礼则堪比王侯。

他在开普敦逝世后，按照他的遗愿，遗体被送到了罗德西亚。火车经过每个车站时都会停下来，让人们前来哀悼。到了南罗德西亚，当地酋长出席了葬礼。按照当时英国的规矩，葬礼上要鸣枪敬礼。酋长们却说，这样会惊扰罗德斯的灵魂。于是他们按照当地风俗，为罗德斯举办了一个皇家规格的葬礼。

罗德斯逝世时，是当时世界上最富有的人，没有之一。

他给南非政府留下了一大片土地——其中一部分被改为开普敦大学的校舍，还有一部分被改为了国家植物园。他在开普敦的宅第，现在是总统府。

虎死不倒威。有钱人就算死后也要留名，罗德斯成立了一个秘密组织，还设

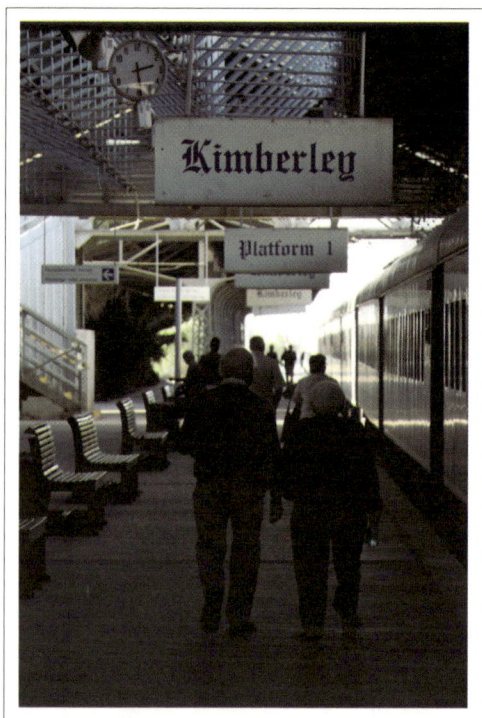

金伯利月台

立了一项奖学金。当然，奖学金和秘密组织都要为英国服务。秘密组织存在的目的是把世界重新归到大英帝国的统治之下。这源于罗德斯的民族主义思想——他固执地认为，只有英国人才是世界上最优秀的人种，才有权力支配世界。

所以奖学金面对的主体是英国人也就不足为奇了。此外还有两个国家的人可以申请他的奖学金：德国人和美国人。他尊敬德皇，所以德国学生被允许申请罗德斯奖学金。而美国人，则完全是罗德斯的私心杂念：他一心想在美国人中培养亲英分子，以期有朝一日能够让美国再顺顺当当地回到英国的怀抱中。

所以美国人不喜欢罗德斯。虽然第二次世界大战之前，美国基本上也就是跟在欧洲大哥们身后喝汤的角色，但这并不意味着他们就心甘情愿地回到大英帝国的羽翼之下。啊，自由的果实是如此甜蜜，以至于人们只要一尝之后就再也忘不掉。

所以才有了之前我看到的那张漫画，很明显的美漫风格，颇有几分当年冷战时期的风采。

> 你回首看得越远，你向前也会看得越远。
>
> ——温斯顿·丘吉尔

安迪是个80多岁的老美，平时偶尔小酌两杯。我在酒吧永远只喝气泡水。我俩一人一杯，不知不觉中以罗德斯的故事佐酒，竟将一大杯都已饮尽。

安迪问我，你以前知道罗德斯吗？

我苦笑，说，我恨死德比尔斯了，那是全世界男人的公敌。但罗德斯？之前我还真不知道他是谁。

安迪静静地晃晃杯子，说：这或许就是旅行的魅力吧。你会发现，有人把你一无所知甚至是嗤之以鼻的东西奉为圭臬，而你觉得全世界都应该共同遵循的法则，说不定他们连听都没听过。

他抬头看看漫画，又问我：你知道漫画上那道红线是什么意思吗？

我茫然地看看漫画，说，不知道。

那道线从非洲的最南端开始，一路蜿蜒向北，直插埃及。鲜艳的红色，在黑白色的漫画上非常醒目。

安迪跺跺脚，说，就是我们脚下的这条铁路啊。从开普敦到开罗，那是罗德斯的梦想。按照你们中国人的说法，应该叫"开开铁路"（从开普敦至开罗）……

他接着说：当年英国人一直把势力线用红色表示，这条线就表示了英国的殖民势力能够从非洲最南端一直延伸到最北端。问题是，这条铁路始终只是个梦想。别的且不说，就算到今天，这条铁路也没建起来。中间那几个国家，打来打去……

不知道什么时候老牛仔走到我们旁边，听我和安迪聊天。他忽然插嘴说：这真不是罗德斯的过错。知道吗，当年那些国家一个个都被罗德斯打服了，要不是他48岁就去世，说不定这条铁路就修起来了。他要是不死，赞比亚和津巴布韦，说不定到今天还是一个国家呢……

随着他们聊得越来越热火朝天，我却渐渐地沉默了下来。

那是一个辉煌的年代。或许掺杂着血色，但不管怎么说，英雄涌现，帝国建立，功绩的衡量只能以大陆为单位来计量。

我无意去评判富人们的所作所为，他们的生活其实也是我永远不懂的一种方式。我只是在想，为什么这样的人，翻手为云，覆手为雨，俨然征途就是星辰大海，却只能存在于以前那个时代？

我不知道答案。相信马克·吐温也不知道。

在老安迪的手边，我看见了一本马克·吐温的小说。我知道，马克·吐温很不喜欢罗德斯。他的小说很是尖刻地讽刺了罗德斯是如何攫取了第一桶金。

我想，可能是我们现在的生活已经很麻木了吧。对残酷的资本原始积累麻木，也对远大的理想等高大上的东西麻木。每天的机会变多，每天的选择变多，但我们也更甘于任凭选择带着自己随波逐流。城市会异化一个人，磨去棱角，打掉个性。我们行走在各种规则中，善于用规则掩护自己，却不再愿意去尝试着开创规则。王图霸业谈笑中？不胜人间一场醉。

老牛仔和安迪因为一个历史问题争论了起来，旅客们渐渐被他们的谈话吸引。我悄悄地把杯子交给侍者，走出车厢。列车轰隆隆前行，窗外远山如黛。从未完成过的开开铁路在脚下。金伯利已经在不远的远方。

狮子的早餐

这世界上最有名的狮子是叫什么？

狮子王？不不不，它是后起之秀，在它之前早有老前辈蜚声国际了。

森林大帝雷欧？当然不是。这个名字即使是在中国观众里也只有很少一部分人知道了。

卢沟桥的狮子数不清？或许是吧。但事实证明，卢沟桥的狮子完全可以数得清。而"马可·波罗桥"与七七事变联系在一起，对国人来说自然意味深长，但在国际上的知名度其实并没有想象中那样高。至少你问一个外国人北京的著名景点，他会说故宫、长城、天安门、圆明园……前20个里面都不会有卢沟桥。

对于接受过好莱坞电影洗礼的人，答案其实呼之欲出：米高梅。

米高梅的电影开始前的那声狮吼可谓家喻户晓。记得小时候，我和小伙伴们还曾经争得脸红脖子粗，就为了比赛谁学那只狮子最像。当然，那时中国孩子的纯朴是毋庸置疑的，没人知道真正的狮子究竟是什么样。大家看到的狮子脸谱化得厉害：要么是温驯可爱、时刻卖萌，宛如狮子狗——虽然从理论上说，应该是狮子狗像狮子而不是反过来；要么就是中国古代官府门前那两座石像，威严肃穆，庄重大方。

后来长大了，才知道狮子原来是舶来品，并非中国本土生物。它原名波斯子，读快了就成了狮子。如此说来，狮子的传入说不定就在波斯强盛的时候，不然为什么不叫大秦子，不叫洋子或胡子呢？毕竟中国一直有在舶来品名称前加个"洋"或"胡"字的习惯。

再后来，知道了狮子主要出自非洲，却发扬光大于世界各地。虽同属猫科，同老虎相比，狮子却多了几分雍容与王者之风。虽然老虎干脆在脸上"写"了个"王"字，不过一说到老虎就老让人想到草莽（比如说梁山聚义厅上那把虎皮交椅），要不就是什么炮灰部队的军旗，而说到狮子，就立刻觉得各种"高大上"：纹章啊、王权啊之类的，在在都和权力相关。

这可能和狮子往往成群结队出现，而老虎却是独行侠有关。再加上老虎在古代往往会被人打死扒皮来做褥子，而狮子则只能由官府组织力量从遥远的西方引入，所以演变下去就变成了老虎让人想到草莽而狮子象征权力这样一种奇怪的节奏了。

在面对着梅根小姐的时候，我的脑海里忽然如放电影般闪现过上面这些镜头。

> 人们渴求有一种成就感，渴望有能力用自己的手、用自己的脑、用自己的意志办事。我们每个人都希望自己能够做出有意义，并能显示出自己天赋的事来。
>
> ——塞尔斯

梅根小姐是"陶"（TAU）度假营的向导，负责我所在的那个小组的Safari。她年纪轻轻，却已是这行里的老手。作为一名持证上岗的向导，她的理想是走遍那几家大型森林保护区和国家公园，争取把每处的地图都铭记在心。

我很赞赏她的这种雄心，并顺势提出了自己的问题：在这次的Safari过程里，能不能看到狮子？

梅根小姐很开心地笑了，说：看天气应该没什么问题。

"陶"度假营位于一个很大的国家公园中，是"非洲之傲"旅途中一个保

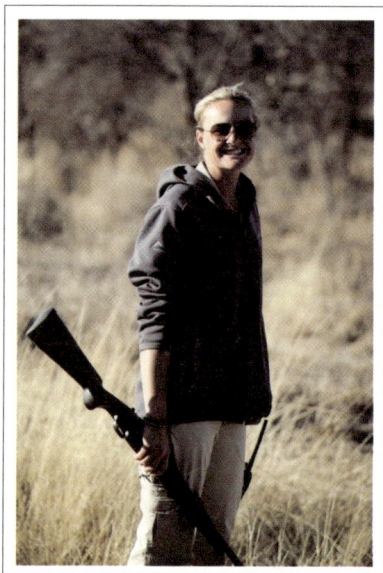

梅根小姐

留曲目。火车行到南非边境后，乘客们会集体下车，换乘巴士前往度假营。在度假营待两三天再驱车前往博茨瓦纳，过境后再上火车。

而火车此刻也由此前的蒸汽机车头换为电气化车头——蒸汽机车头在南非境内还可以走，出了国境没处加煤加水就比较麻烦，所以趁大家去玩的时候，火车就去换车头。

梅根的车子看起来有些旧，车头丰田的车标旁还粘了个红色魔鬼弯角，透着野性，这和她的外表也很相配。老实说，她最符合我心目中森林向导的样子。白色的皮肤被阳光晒得发红，强烈的日光让她脸上多了很多不规则的晒斑，她整个人大大咧咧的样子，看着很豪爽。

之前在萨比萨比营地的导游，就完全是另一种类型，他很木讷，奉行的是"万言万当，不如一默"的人生哲学。这种人如果去当"攻城狮""程序猿"那算是再适合不过，但做向导就比较惨。毕竟向导算服务行业，而服务态度的好坏直接关系到游客的心情。

而梅根小姐则不同。她看起来30多岁，不是那种刚出校门的小姑娘，身上透着成熟女人的精干。老实说，"陶"里有好几个年轻向导，看着就活力四

羚羊

射、精力充沛。一开始我还有点儿遗憾，觉得没能钻到那些俊男美女的车上去。不过很快我就发现，和他们相比，梅根老到的经验在Safari时相当有用。而向导这个活儿，有时候真不能靠刷脸……

我之前在萨比萨比的时候赶上了寒流，想看的动物都没有看到，最后只看到了一只摆拍的花豹。这次来到"陶"，我的期待值不免偏低。

吃饭时，老杰和我坐一桌。聊起下午即将开始的Safari，老杰兴致颇高。我没好气地说：真有那么多动物吗？骗人的吧。我之前去了萨比萨比，可是什么都没看到啊。

老杰放下手里的叉子，愕然地说：怎么会？！我之前也去了那里啊，看到了超多的动物。

真的假的？我一时间觉得有点儿混乱，感觉他和我说的俨然不是同一个地方。

当然是真的。他撇撇嘴，推了推坐在旁边的太太，说，你觉得咱们在萨比萨比究竟看到了多少动物？

老杰太太早已吃完饭，正在旁边一边慢慢喝咖啡一边看书。听到老杰问，

091

她放下手中的《非洲鸟类大全》，细想了想说道：这可没数！光咱俩第一次出去的时候，看到的那群就得有个一两百吧，更别提后来那一大群羚羊了。

听她这么说，我倒是释然了。原来是羚羊啊。

羚羊这种动物，和角马一样，在非洲都属于比较容易见到的动物。它们繁殖力超强，跑得又快，被人看到的概率自然很高。我在比勒陀利亚参观布尔人纪念馆的时候，纪念馆下面的保护区里就有很多的角马和羚羊。那时我特别兴奋，喊住司机停下车，拿出相机拍个不停。司机一直在旁边笑。

现在想来，他可能是笑我少见多怪吧。这一路行来，羚羊随处可见，看得已经麻木。就连火车包厢的窗户上，都贴着羚羊头像的贴纸。如果此时此刻看到羚羊群跑过，我顶多抬眼看看，然后若无其事地该做什么就做什么，丝毫掏相机的冲动都不会有。

所以听老杰夫妇这么一说，我的第一反应就是：原来是羚羊。

老杰看出我的不以为然，急忙掏出iPad，给我看他俩在萨比萨比的照片。

一看之下我惊呆了。这……这还是我去过的那个萨比萨比吗？响晴白日，白云浮于天际。阳光下一群大象正在目中无人地闲庭信步。远处隐约可见角马群在奔跑，几只长颈鹿在不远处的树林里吃树叶。

和得意的老杰多聊了会儿，我才明白：哦，原来老杰去萨比萨比比我早了几天，刚好赶在寒流到来之前，正是刚过冬动物努力找吃的补充能量的时候。

所以下午一上车，我就忍不住问梅根：今天的天气算不算冷？

她应该觉得我这样说很奇怪，看了我一眼，说：今天这太阳都快晒出油来了，还冷？

<blockquote>
别人为食而生存，我为生存而食。

——苏格拉底
</blockquote>

粘了红色魔鬼弯角的丰田越野车吼叫着冲入原野。两边是褐色的钉子树。刚过了冬，虽然天气猛然热了起来，但草木还未完全返青，原野看起来还略显萧条。

所谓钉子树，是一种长着针刺的树。枝干有点儿像狼牙棒，上面一寸多长的木刺锋利无比，轻轻一刺就能捅进皮肤里去。同行的人说这是槐树的一种，但我觉得它和我之前见过的所有植物都不同。如果硬要比喻，只能说它像拆下来的椅子腿——上面横七竖八龇出来的钉子闪着寒光。

在钉子树丛中还有些高大的树。树枝上垂下来一个个白色的小囊，远远看去像是祈愿树，又像是结满了白色的果子，很可爱。然而走近一看，却让人毛骨悚然：那是蜘蛛捕获的猎物，外面的白囊由蛛丝织成，里面是被蜘蛛抓到的小鸟。小鸟撞到蛛网里，蜘蛛就会爬过去往小鸟身体内注入毒素和消化液，一方面麻痹小鸟的中枢神经避免它挣扎，另一方面则是开始慢慢消化小鸟。等到

鸟被消化成一摊液体时，蜘蛛就过去像喝椰汁那样一饮而尽。需要说明的是，这个过程中小鸟依然是活着的，直到脏器全部被腐蚀干净。

我捡了根树枝扒开了一个丝囊，果然，里面是一摊液体，液体里泡着半个腐烂的小鸟尸体，羽毛和骨骼依稀可见。

这里的地形地貌与萨比萨比不同。可能是更靠北了些，草木没有萨比萨比那样高。如果说萨比萨比是林地风貌，这里就更像是平原。不过这样也有好处，至少离得很远就可以发现动物的踪迹。

更靠北，也就意味着更靠近赤道，气温更高，动物更为活跃。果然，没多久我就看到了一大群大象。之前我曾经近距离接触过象群，知道它们皮糙肉厚。不过我没想到居然可以厚到这种程度：刚才我避之唯恐不及的钉子树，大象群熟视无睹地从旁边经过，一任尖刺从身上划过。偶尔兴起，它们还会用长鼻子一卷，将钉子树连根拔起，然后塞到嘴里，像吃甘蔗一样嘎吱嘎吱边走边嚼。

大象走的路通常是固定的，被称为象道。象道很好认。成年的非洲公象每天要吃掉大量的植物，吃得多意味着排泄也多，大象粪球足有足球那么大，辨识度很高。

"非洲五大"第二张卡，大象卡入手。

或许有人会问，为什么是第二张？第一张是什么？

哈，你们忘了吗？摆拍的花豹也是豹子啊，第一张豹子卡自然是在萨比萨比就入手了。

其实这也是运气。因为非洲五种主要动物的分布情况各不相同。很少有地方能同时有这五种动物出没，比如"陶"所在的这个保护区就没有豹子。这样看来，我还真的要感谢萨比萨比的导游。

第三张卡会收集到什么动物？我有些期待。

梅根小姐果然经验丰富。她看看日头，然后把车子猛地一甩，直奔远方一座小山开去。据她说，那座小山是好多动物的聚集地，在那里我们有可能找到某些大货的踪迹。

然而这次好运气并未跟随着我们。车子围着山脚转了一圈却什么也没看到，隐约能看到山上似乎有狒狒跑过，但是定睛一看，却又好像什么也没有。

接下来的下午，我们就在到处追寻蛛丝马迹中度过。好吧，说是"我

094

犀牛

们"，在寻找的其实只有梅根自己。这中途当然遇到了角马和羚羊，不过就像我之前说过的，现在在我眼界已经被养刁了，区区羚羊早就入不得眼了。

夕阳西下意味着一天已终结，而终结则意味着收获。而此时，第三张卡片莫名出现了。

梅根小姐的步话机响了。一个男人说：在偏西北的地方发现可能有大型动物，但究竟是什么动物，多久之前经过的，都不能肯定。他说，你们自行决定要不要过去看看，他就不跟进了。

梅根小姐懒洋洋地转过车子，向西北方前进。

然而，越向前行，她的表情就越慎重。直到到了步话机里说的地方，她跳下车子，蹲下检查了很久，然后上车对我们说：可能真的找到大货了。

她开车绕了很大一圈，把车停在一条土路附近，说：我们耐心等等。如果运气好，应该很快就能有结果。

近了，近了……一个灰黑色的庞然大物，从远处慢悠悠地晃过来。我们都屏住呼吸，能听到的只有风声和相机连拍时发出的咔嚓声。

这是一头成年犀牛。小眼睛，小耳朵，大方嘴，门板一样厚实的身躯比我们的越野车还高。它慢悠悠地走着，每一步都会荡起一团灰尘。

说来也好笑，看着犀牛走过，我忽然走了神，想：当年老子出函谷关化胡，骑的青牛应该不是普通水牛吧，不然岂不成了小牧童？要论威风，至少也得是头这样的犀牛啊。别说中国古代没犀牛。辛弃疾写的词里就有"待燃犀下看，凭栏却怕，风雷怒，鱼龙惨"。中国古代可是一直传说：如果点着犀牛角，人就可以看到幽冥世界。

不知什么时候梅根小姐已经通过步话机呼叫了其他巡游车。看着远处多辆越野车呼啸着兜头开来，我们的车子却悄然退去。用她的话说："趁他们看这头犀牛的时候，咱们去找更好的！"

没隔多久，她的步话机又响了。这次是确切的好消息——有人发现了狮子的踪迹，现在正在包抄！

狮子啊，大期待！如果说犀牛和大象什么的在亚洲都还看得到，纯野生狮子可是非洲的特产。很多人都无比期待这次信息能够准确。

果然是狮子，而且不止一只。两只母狮子领着四五只小狮子正在奋力撕扯一只角马。我们赶到的时候，角马已经死亡。母狮子负责把角马撕成大块，小狮子则趴在角马身上奋力咬着。有只小狮子被它的兄弟从角马身上挤开，正急得团团转。忽然，它趁着一个兄弟不注意，奋力挤进去，撕开角马的肚子，钻进去就是一通狂啃。

等到小狮子吃得差不多了，远处负责警戒的公狮子才溜达回来。它一下就把角马肚子里的小狮子拽出来。这时的小狮子已经被角马的血染成了红色，好像穿了一条红围裙，它鼓着圆肚子，摇摇晃晃地去和兄弟们打闹。公狮子则霸占了最好的位置，和两只母狮子一起低头撕咬起来。时不时地，它还会抬头看看我们，喉咙里发出低沉的嘶吼声。

梅根非常小声地和我们说：大家照相即可，千万别有任何挑衅行为，更别把胳膊、腿什么的伸到车外面去，一切安全第一。

至此，"非洲五大"里只剩下野牛了。

野牛群

非洲土狼

野牛的踪迹其实好找。单头的野牛就是给狮子送菜——成群结队的野牛才是谁也不敢惹的强横存在。虽然外形看起来类似，但野牛和角马完全是两种不同类型的生物。角马就是凭借着很强的生殖能力和飞快奔跑的能力混饭吃的。而野牛平时一副老好人的样子，真被惹急了则铁蹄奔驰之下挡路之物皆化为齑粉。

所以野牛很聪明地成群活动，即使偶有掉队，掉队者也会在第一时间就跟上去。大群野牛的踪迹比较好辨识，这次又是梅根领队，她通过步话机叫了不少人，分头堵截，用大象粪球和树枝搭成特殊形状来给后面的车辆指引方向。

但就算是梅根，也不敢离野牛群太近。那些生物看起来憨厚，冲击力却强得一塌糊涂。步枪在野牛群面前不过是笑话。且不说子弹能对厚厚的牛皮造成多大损伤，就算真是一枪一个，那几十只野牛奔腾的威力……想想田单摆下的火牛阵吧。

所以我们始终没敢太靠近。不过尽管如此，"非洲五大"的最后一张野牛卡也算收集完毕。至此，Safari不虚此行，圆满成功。

然而人心总是不足。没人愿意就此打道回府，总希望能看到更多的东西。而梅根也没让我们失望。接下来的旅程里，她开车追过非洲土狼：土狼迎着朝阳奔跑，我们就在后面狂追不舍。她领着我们近距离接触了大象，我打赌当时大象眼睛距我绝对不到50厘米。她还在黑夜里领着我们追逐过犀牛，尽管最后我们也只看到了犀牛那如山一般的大屁股——这倒不是梅根的技术问题，而是她不敢冲到犀牛面前，用车灯去晃犀牛的眼睛。

而就在我准备离开"陶"的那天早上，梅根带给了我最后的惊喜。

她又一次找到了狮子，而这次的狮子正在吃早餐。我们赶到的时候它已经吃了一半：一匹斑马只剩下上半身，两条僵硬的前腿随着狮子的撕咬而不断敲击着地面，发出梆梆的声音。

不远处，另一只狮子正趴在地上，冷漠地看着我们。

我悄悄问梅根：不是说一个狮群里只有一只公狮子吗？为什么这里能有两只公狮子，而且它们还不打架？再说，它们的后宫在哪儿？

梅根也压低声音向我解释：这两只狮子是兄弟俩，所以会一起捕猎。至于说母狮子，应该带着小狮子在别处吧。

说着说着，她忽然冲我比个手势，然后紧紧地闭上嘴，手慢慢地伸向步枪。

我回头一看，吓了一跳。不知道什么时候，那只趴着的狮子已经站了起来，正在悄无声息地向我们走来。等我看见它的时候，它已经离车子不到10米。

近距离看狮子，才发现它没有我想象中的漂亮。毛有些脏，上面粘着土和其他脏东西，有些打绺。这点和动物园里的狮子不一样。动物园的狮子，毛永远是蓬蓬的，看起来非常威风。

然而这就像马上皇帝和守成之主的区别一样。威风不是靠打扮出来的，动物园的狮子再漂亮再干净，看起来也总是缺了点儿什么。

这只靠过来的狮子，嘴角滴着血，眼睛赤黄，绕着越野车慢慢地转圈。我忽然想起以前看的一部纪录片：狮子在发起攻击前，就是这样绕着猎物转圈，希望能够找到薄弱点，然后发起致命一击。

不过可能是我们看起来也不是好惹的（不知道它能不能认出梅根手上的步枪），也可能是它权衡之后觉得斑马已经够两只狮子分享，还可能它就是单纯觉得没意思……总之，转了几圈以后，它狠狠盯了我们几眼，掉头走开了。

大家都长出了一口气。

物竞天择，适者生存。

——查尔斯·达尔文

回程途中，车上的一个印度旅伴掏出手机找了个视频给我看。视频拍了几个美国小伙子坐着越野车去Safari，看到狮子正在嬉戏，一个胆大的小伙子就跳下车，站在几米外近距离拍狮子。忽然，一只潜行到小伙子背后的狮子猛扑过去，利爪挟着风砸到了小伙子头上。再然后就是镜头乱晃，满屏血色。

看完视频，我私下问梅根：你觉得那只狮子会攻击我们吗？

梅根摇摇头，说：不会。

看我有些不信，她解释道：我们都待在车子上，在狮子眼里，我们和汽车是一个整体。对这样一个体形比它大很多的"生物"，除非万不得已，否则它不会贸然攻击。再说车子外面是铁皮，没有血肉味道，对它吸引力并不是特别大。动物嘛，攻击之前总要权衡利弊。对于那些它们不了解的动物，往往都会以体形来衡量其危险性。

我想到了黔之驴的故事。不过沉思片刻之后，我还是问了最后一个问题：如果它真冲上来，你会开枪吗？

梅根没有回答我。

我无意去探究，在一个像梅根小姐这样热爱自然热爱动物的人心中，人和动物究竟孰轻孰重。这种"我和你妈都掉到河里你先救谁"的问题本身就愚蠢无比。我记住的，是梅根小姐凭借着自己丰富的经验，带我收集齐了非洲五大动物的"卡片"，让我一扫之前因为天气不好而对Safari产生的不快之感。

至于狮子的早餐，是斑马、角马，或是其他什么生物，重要吗？天生万物，万物各有其法。人不过也是种动物罢了。

这就是自然。

还记得米高梅的那只狮子吗？拍摄完毕，那只狮子因为在片场攻击人，被当场击毙。

雄狮

100

9

Nine

葬心——探险家的最好归宿

我的电脑里存着一个坐标。没人知道那个坐标是什么地方。

　　　　　　人就是人，是自己命运的主人。

——丁尼生

　　人类文明五千年。按照20年一代，从最早的上古三代，到现在的新新人
类，排成一排，统共才250个人而已。
　　这250个人当中，有王侯将相，有渔樵耕读，有杀手，有小偷，有形形色
色各种职业的人。
　　无论时代怎么变迁，大多数职业现在都还依然存在，只是换了些不同的名
字而已：师爷变成了参谋，总督变成了省长，老板变成了老总，等等。
　　只是在这250人的洪流里，有个职业，却是基本上再也找不到了。
　　那就是探险家。
　　今天要讲的，就是一个探险家的故事。

现在的中国大城市里，所谓职业咨询很是流行。

说是咨询，其实应该是"资询"。出了资，就有人去国外网站上贩些量表和理念之类的东西回来，然后告诉你，以你的能力和特性，你适合做某某类的工作，不适合做什么什么样的工作。当然，这样的量表多半是报喜不报忧，有点儿吉卜赛扑克的味道。其背后的道理，学名叫"巴纳姆效应"。

吉卜赛扑克在20世纪末的中国很是流行。玩法很简单，就是一副写满了字的纸牌，几张挖了些洞的模板。玩的时候，按照某种"神妙"的规律洗牌，洗出来的牌放到模板下。从挖出的窟窿里能看到一些话，连起来就是纸牌对生命的解读。

吉卜赛人玩不玩这种纸牌我不知道。我只知道大多数人从那种咨询机构里面出来，都觉得不虚此行，测得很准，然后没有几个人会按照咨询的结果行事。该如何还如何，做什么职业仍然是看机会。

所以我想，如果当年利文斯通也去做过职业咨询的话，恐怕早就被打击得一事无成了。

有没有人说过，利文斯通其实根本不是个好牧师？

很多人。包括当时教会里的人，都纷纷觉得，利文斯通不是个好传教士。他虽然信仰虔诚，却传教不力。而且就连利文斯通自己也觉得，他对传教的兴趣不是特别大。

有没有人说过，利文斯通其实也不是个好领导？

很多人。包括探险队的医生也说，利文斯通是个"不安全的领导者"。

但毫无疑问，如果没有利文斯通，非洲大陆的秘密或许要到很多年之后才能被人发现。有没有可能，要等到卫星上天，才能找到非洲大陆内陆的那些巨大的湖泊和河流？这个谁也说不准。

奇迹有时候是会发生的，但是你得为之拼命地努力。

——魏茨曼

当我们说起探险家的时候，脑子里涌现出来的样子是什么？一个人戴着圆顶的探险家头盔，穿着土灰色的制服上衣，下身是有大口袋的短裤——有时候是马裤式样的长裤，这取决于周边环境温度。手里或是长鞭，或是短剑。

关键是，这个人一定是个大鼻子的白人。

为什么就算是中国人也一定会想到这样的白人样子呢？和从来没有黑人版的上帝不同，中国人一向不觉得探险是件特别荣耀且光宗耀祖的事情。虽然说起来张骞出西域，班超出西域，扬我国威于域外等，但这不妨碍中国人一直抱定着"泱泱大国"的想法。

等等，为什么都是出西域呢？出东洋的呢？北边和南边的呢？

出东洋的有。徐福带着500名童男童女出去了，然后被各种抹黑，反正一两千年来负面评价居多。

去南边的也有。三宝太监郑和去了，回来没过多少年，连宝船的图纸都叫人给烧了。各国进贡的那些香料当俸禄发了100多年，发得大明朝官员想起来就愤愤不已。

去北边的也有，而且形象很正面。不过不是以探险家的身份，而是以使节的面目出现。"苏武牧羊北海边"，让人赞叹的是气节，可从来没说过他有心思探险。实际上北边究竟如何，地大物博的中原霸主还真没看在眼里。

一个中央集权制的国家其实际统治疆域，不过是中央政府快马数日能够有个往返的地方而已，再大了就控制不过来。如果没有工业革命，探险就变得只是在地图上才存在意义——海外飞地并不是每个政府都有兴趣管理的。

所以，探险家之所以是这样一副工业革命初期欧洲人的样子，也就不足为奇了。其他国家或者没兴趣，或者没技术，总之是都没有在最开始探索地球的时候分一杯羹。

利文斯通就是这样一个时代下的产物。

那是一个最好的时代，也是一个最坏的时代。

利文斯通是英国中产阶级家庭的孩子。他上学的时候学了神学，这在当时是很常见的，因为学习神学往往意味着高等教育的开端。

毕业后，他加入了伦敦会成了一名牧师。当然从现在所有的文献里，完全无法倒推利文斯通的心理特质——不过这没关系，他应该和那个时候的人一样，相信上帝，也相信上帝把这个世界交到了白人手里。

所以他最开始想去中国——那片似乎总和神秘挂钩的东方土地。尽管事实证明，"东方博士"和东方朔以及东方的中国毫无关系，但"遥远的东方"一直是当时西方人心中最美好的地方。

然而鸦片战争打破了利文斯通的梦想。当时绵延的战火谁也不知道会延续多少年，也没有人知道，当时的清朝政府其实已经外强中干，不堪一击。眼看和平无望，利文斯通面临他职业生涯中的第一个挫折：选定的路因为无法抗拒的原因而不能继续，自己该怎么办？

这就有点儿像现在的大学毕业生找工作。一心想要去某家外企工作，结果没想到，还没等毕业，整个行业都倒塌了。这时候是继续投身其中，等待将来东山再起，还是干脆另投别处？这是个横在毕业生利文斯通面前的大问题。

利文斯通终究还是没有选择继续等待来中国。如果来了，可能很快就会像《鱼盆》里的那个外国神父一样，被中国当时的所谓官场文化染得漆黑，要不就是干脆命丧在哪个红灯照的大师兄手里。那样的话今天的非洲历史就要被改写了。

他遇到了另一个伦敦会的传教士，那个传教士给他描绘了一张具有无限可能性的大饼。他说，在非洲，现在还有数千座人口稠密，而且从来没有传教士去过的村庄。这大抵就像在千禧年的时候，告诉一个正找不到工作的人，说雅虎和谷歌正在招工，只要去马上给高薪给股份云云。

于是利文斯通决定：去非洲。刚好他学过医学和神学，正适合深入不毛。

很多人不能理解，为什么当时去非洲的传教士都同时有探险家这个第二职业。这是因为在非洲，部落之间征战不断，完全没有规律可言。传统的河流沿岸必有文明这一说法，在此地并不适用。有时候要想顺利传教，必须要具备一定的地理知识，还有足够的勇气和能力。要知道，那些关于食人族和传教士的笑话，可绝不只是说说而已。

利文斯通的运气不错。就像算命的常说的那样，他在"坎儿"上的时候，遇到了贵人。在开拓自己职业生涯的过程中，他和当地一个部落的酋长交上了朋友，并且在他的感召下，酋长受了洗成为基督徒。这样利文斯通就算有了根据地。

每个人在工作里都会交朋友。有的人喜欢走群众路线，有的人则喜欢围在领导周围。这都是自己的选择，无可厚非。只是通常来说，你选择了一边，就一定会舍弃另一边。两面都讨好的情况，是小概率事件，不具统计意义。

所以利文斯通面临的困境就是：他是该讨好占人口绝对多数的黑人，还是依靠同样是白皮肤的布尔人？毕竟当时英布战争还没打，英国人的势力在南非和中非一带还很弱小。

利文斯通最终做了选择——他选择了黑人。往大了说，他选择为黑人的解放事业奋斗终身……

所以，当地的布尔人对利文斯通很是反感。他们觉得利文斯通平等对待黑人，是对他自己肤色的一种背弃。当利文斯通不停地在黑人部落里设立传教点的时候，布尔人就跟在后面，摧毁部落，烧毁利文斯通的房子，并且抢走他的财产。

不过这丝毫没有动摇利文斯通的决心。在他看来，这或许就是他做出那个选择的代价吧。要想拯救黑人，就必须要把"基督教、通商、文明"引入非洲腹地。而当时黑人面临的最大问题，就是黑奴贸易。

关于奴隶贸易这种事，要写能写出一大本书。简单来说，就是别人家的孩子死不完。那些酋长才不会想到什么非洲大陆、黑人前途之类的东西，他们想的是只要死掉的不是自己部落的人就行。所以欧洲的奴隶贩子才能从非洲大陆源源不断地得到新鲜货源，然后送到美洲的种植园里去。

被布尔人抢了所有的财物并且烧了房子后，利文斯通在当地人的陪伴下前

往西北探险。这一路上有重重艰难险阻。途中他们遇到了强大的敌对部落。同时还有恶劣的自然环境也在威胁着队伍的人身安全。最终，队伍到达了西非的罗安达。稍事休整，几个月后，探险队又再次出发。

这次出发，队伍是向东前进。一路行来，在赞比西河下游，利文斯通发现了他这一辈子最大的探险成就——维多利亚瀑布。

一年零八个月的旅程，让利文斯通获得了巨大的荣誉——他横跨了整个非洲大陆，从大西洋到印度洋，这是一个空前的探险历程。所以这就是为什么几个月后，当他回到英国时，他得到了英雄式的欢迎。

在过去的中国人和现在很多人的眼中，这种英雄的荣誉得来非常没有道

理——凭什么只是从东到西走了一遭，就又是得名又是得利？据说他的名字，当时甚至常常被女王挂在嘴边，这哪里有什么道理？

殊不知，当时英国面临的最大问题就是生产力过剩。所谓"羊吃人"就是这么一个道理。它既需要原料产地，又需要劳动力，还需要市场，它有的或者说是最擅长的是技术。利文斯通的这次探险，从根本上来说，非但没有帮助到他一心想帮助的黑人，反而把他们又往火坑里推了一步。过去的非洲大陆，令人生畏的自然条件构成了一道天然的防线，将西方文明的侵蚀拒之门外。然而随着利文斯通的探险，那些奴隶贩子欢欣鼓舞地迎来了他们的春天，同时也为将来利文斯通的下一次冒险埋下了伏笔。

> 只有每天再度战胜生活并夺取自由的人，才配享受生活或自由。
>
> ——伊拉斯谟

利文斯通的传教生涯，到此就过完了最辉煌的部分。接下来就是一些流水账样的东西了。如果从职业发展的角度上来看，他此刻已经到了一个相对比较稳定的职位上。只要不犯错误，没有谁可以罢免他。而在非洲那片不毛之地上，没有什么人和他抢功劳，也不存在玻璃天花板——凡是能活下来的都是英雄好汉，地广人稀，资源充足，大家也犯不上和他抢。

在现代公司里，做到这个职位少说也得是部门主管一级了，说不定都混到了一点点小的股权激励，此时必然面临一个接下来的路该如何走的问题。

此时或许明哲保身自可保一生平安。或者激流勇进，再去寻找新的可能性和增长点。

面对这种境况，利文斯通又该如何选择呢？

就像每一个合格的部门经理都有足够敏锐的嗅觉来发现可能存在的机会一样，就在不经意间，利文斯通的机会也来了。转型期，就这样在不经意间摆到了他的面前。

和网游里必须达到一定级别才可二转三转（转换职业）不一样，地理学会

107

对利文斯通提出了邀请。他考虑再三，决定放弃传教士这一职业，改为专职的探险家。

换到新公司，总是有些与过去不同之处。新老板面子很大，把利文斯通推荐给了女王——他被任命为英国驻东非的领事。

跳槽到了别家公司，新老板自然也是不养闲人的。很快由英国政府出资，利文斯通又再次回到了他熟悉的非洲大陆，继续之前的旅程。这次女王给他的任务是，探索赞比西河。

赞比西河源远流长，上次利文斯通发现的维多利亚瀑布不过是其中最为出名的一个地方而已。此次他再次出马，又将有什么样的收获呢？

很遗憾，没有人天天过年。开始的时候，利文斯通乘坐蒸汽船沿河而上，发现了尼亚萨湖。这是个好地方，人烟稠密，物产丰富，颇有成为高度文明社会的潜力。用现在的话说，他发现了一片土地，上面居然没有一个人穿鞋！这不就是摆明了的大功劳吗？

这个发现已经足够他交差的了。于是他返回了赞比西河河口和自己的家人会合。然而没多久，他的夫人就因为疟疾而去世。利文斯通因此一蹶不振。再加上他总是利用身份阻挠奴隶贸易，很快就惹怒了西班牙人。要知道，西班牙人可是往美洲卖奴隶的大户。多方施压下，利文斯通放弃了在非洲的工作，回到了英国。

按说，这次探险应该是成功的——毕竟他发现了尼亚萨湖。但就像所有膝盖上中箭的人一样，利文斯通被全国的人指责，说他这次探险所得甚少，完全不像以前那样有重大发现。

如果要把这种经历比作现代职场，你可以把利文斯通看作一个国内公司高薪挖来的"海归"。当时许下诸多好处，但人到了公司以后却处处被苛求。

换作一般人遇到这种公司，多半就是挂冠而去——还不伺候了！不过利文斯通不同。此时他已经40多岁了，要想再次转型确实比较难。所以尽管有很多人都说他还是更适合做个传教士，因为他的确缺乏管理才能，不过他想来想去，觉得自己还是最适合去探险。

这就像一般职场里的人，20多岁的时候随便换工作，其他人也不会觉得有什么。但要是等到了40多岁还拿不出一份稳定的职业记录，用人单位心里就要打鼓了——这个人到底对自己有没有点儿自知之明啊？

利文斯通的那个驻东非领事的名头听起来好听，其实什么都不管，甚至连最基本的薪水都没有。这有点儿类似于现在的项目制，有项目就有收入，没项目就只能去喝西北风。他从皇家地理学会手里拿了个项目，去探索尼罗河的源头。却没想到这会是他最后一次冒险。

循着上次的路线，他到了尼亚萨湖。不过在这里他的队员们叛乱了。就像之前他的队医所说，利文斯通根本没能力组织什么大规模的计划，也没有管理才能。他自以为是、喜怒无常，诸多缺点积攒下来，让队员们毫不犹豫地弃他而去。临走时，还卷走了大量的补给品。

不过，妻子和长子都已经先他而去的利文斯通实际上已经没什么顾虑了，他继续向非洲内陆前进。没有人知道他这一路遭遇了多少艰难险阻，不过可以想见的是，他完全孤立无援——那些叛逃的队员对外宣称，利文斯通已经死在非洲了。

这一次利文斯通有了许许多多重要的发现。但众叛亲离之下，这次冒险最后完全变成了他自己的告别演出。神学院出来的人身上，似乎永远也不缺殉道者的勇气与悲凉。

在非洲腹地走了6年，恶劣的环境让利文斯通飞快地衰老下去。6年后，他重新回到了文明社会，但结果却是，当年留在这里的补给品，早就让管理员拿去卖了。

也不能算是完全没有收获，在那里他遇到了一个苦苦找寻了他6年的记者。然而尽管记者强烈劝说，利文斯通还是拒绝离开。我想，尽忠职守，已经不足以表达他那时的心情了，或许他干脆就是想死在那片大陆上了。因为他发现，尽管他一路上都在呼吁废奴，但事到临头，真正给他伸出援手的，却是那些他从来看不上的奴隶贩子。这背后的经济利益利文斯通不可能没有发觉，但是要想活下去，他却不得不接受这些援助。

勇者继续前行，直至生命尽头。在一个早晨，利文斯通的两名仆人发现他静静地死在晨雾里。苏西和朱玛，是在其他人都背弃了他时仅有的陪在他身边的两个人。尤为讽刺的是，那些白皮肤的同胞，最终都离利文斯通而去，反而是两个黑人一直陪他度过了最后的时光。甚至在利文斯通死后，他们用最好的手段将他的遗体做成木乃伊，花了九个月的时间从非洲内陆千里迢迢将他的尸体运到了东非，最终运回英国，葬在伦敦威斯敏斯特教堂。

"基督教、通商、文明"，这是刻在维多利亚瀑布纪念碑上的话。实际上，发现瀑布是利文斯通最大的功绩，却不是他灵魂最终的栖所。在赞比亚班韦乌卢湖南岸的一棵树下，那里埋葬着他的心脏。他的仆人们觉得，他的心应该永远留在非洲。

成功只有一个——能依自己的方式去度过人生。

——克里斯多夫·M

这样一个人，如果从现在职业生涯规划的角度上看，无疑是很失败的。那些凡是他自己主动做出来的决定，结果都不怎么样。无论是开始决定去中国，还是后来毅然跳槽去做探险家，结果都让他损兵折将。反倒是本来只为传教，却无心插柳成了横穿非洲大陆的第一人。

他向西方社会疾呼解放奴隶，但白人同胞却连烧带抢，最后弃他而去，陪他到最后的只是原来队伍里的仆人和挑夫。他爱上了一个女人，这个女人却因病去世。他最爱的长子，因为到非洲找他，遍寻不着又去了美国，最终死在战火中。无论是工作还是家庭，他似乎都没有规划妥当。最终的牺牲，显得更没有意义——英雄本可以不死，田园终老未必不是好选择。

但假如，他真的没有继续深入，而是选择老死于床榻之间，那他还是探险家吗？就像巴顿所说，一个老兵最好的归宿，就是在最后一场战斗中，让最后一颗子弹穿透胸膛。探险家的归宿，就是应该埋葬在征服未知的旅途中。

利文斯通虽然死去，但他的呼吁让整个西方社会意识到了贩奴的残酷。至少，在法理层面上，确认了英联邦国家应该废奴。他临死的时候正在祈祷。我想，他是快乐的。他有上帝的陪伴，有忠心的仆人，还有那片他深深热爱的土地。

而我们呢？在临死的那一天，我们是否有自己的朋友家人作陪，还是只有理想为伴？我们会葬在哪里，心又会居于何地？

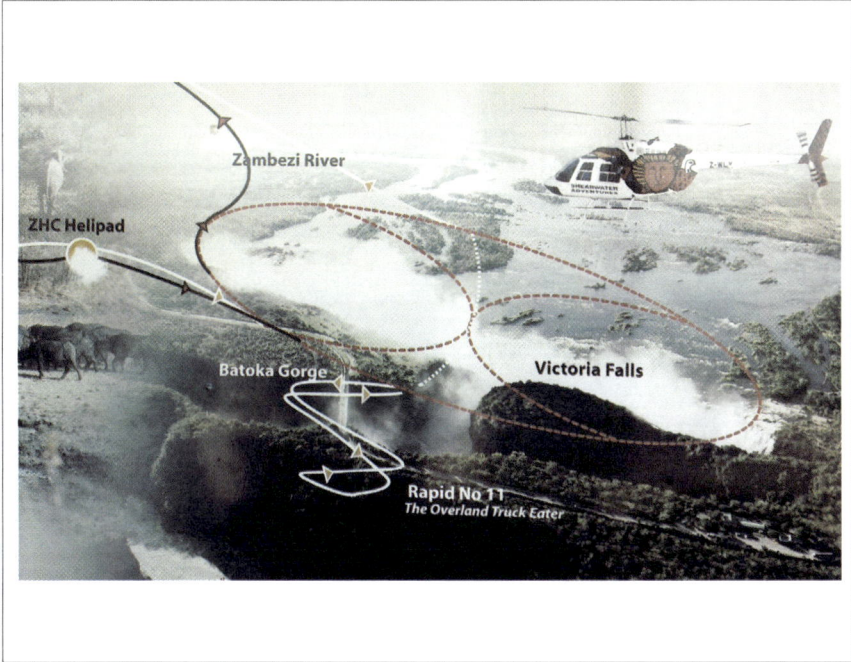

10

Ten

勇敢者的游戏

世界各国的人都爱聊天。聊天的时候，海阔天空，什么都说。

那天晚上我和几个人在后面的酒吧车厢聊天，队医也在。他要了一杯威士忌慢慢喝。他们的话题，从几十年前南非的治安，到中非的经济形势，再到美国好莱坞的最新大片和南加州闹鬼的凶宅。我就坐在桌旁喝我的气泡水，偶尔插两句。旅行嘛，有的时候话题是你熟悉的，有的时候则很陌生。不过旅行就是这样，如果都是自己熟悉的话题，那为什么不干脆去刷BBS，又为什么还要出来旅行呢？

忽然，队医转过身来问我，说，你的头痛今天怎么样了？

我说：托福托福，好得差不多了。

队医说：你呀，就是锻炼太少。平时不怎么运动吧？

我说：是啊。我其实就是一胖子，特别梦想着有朝一日能成技术宅的那种。

队医听了就嘿嘿乐，说：我大学的时候其实真是个技术男，不过算不上宅。我最喜欢运动了，游泳打球，无所不精。

我问：哦，那你现在呢，你得有60了吧？

队医说：对啊，60多了。打球是打不动了，不过有时候还会去蹦极。你蹦过极吗？

我很委屈地叹了口气，说：唉，他们不愿意让我蹦啊，怕绳子断了。

一群老头儿大笑。

我很珍惜这个夜晚。因为明天就到维多利亚瀑布了。在那里我们会下车住两天，然后就一路向东北进入赞比亚，再进入坦赞铁路。后期的旅程相比之前可能没那么精彩。毕竟，之前经过的国家相对比较发达，旅游业也发展得好一点儿。今晚我们就将进入文明社会与蛮荒社会的一个分界点。

在维多利亚瀑布，我们将迎来这一段旅程中最壮丽的一个高潮。

因为维多利亚瀑布，本来就是中非的一颗明珠。

第二天上午，火车就开始减缓速度。11点整到达维多利亚瀑布火车站。

"非洲之傲"的服务员帮我们把行李搬进酒店。本以为这是挺长的一段路，没想到，出了火车站正对面就是维多利亚瀑布酒店。尽管如此，短短的几百米路程还是让我出了一身汗。这里的纬度已经低了很多，太阳的威力开始发挥出来。想想看，在火车临出发之前开普敦还下了雪，但车行到维多利亚瀑布时，外面的温度就已经到了35摄氏度以上。

维多利亚瀑布酒店

113

老头儿们的体力果然了得。他们三步并作两步，昂首阔步冲进酒店。队医更是熟悉得很，果然不愧是老江湖，第一时间就告诉我等：往前走，穿过大厅看见旗杆后右转再右转。看见游泳池就看见餐厅了。

我还不饿，就没太着急，缓步走进这家明显是英式风格的酒店。

一般来说，能够以当地地名命名的酒店应该都不错，可以说是该地的标志性酒店。在中国这样的酒店多为政府所属，在国外则是一些比较老牌的酒店。因为好东西谁都想要，好名字都想拥有，那只能是先下手为强了。无论是开拓新世界还是创办新酒店，多是这种跑马圈地似的方法。

我一把拉住正准备往里走的队医，问：你知道这个酒店什么时候建造的吗？

队医一愣，说：还真从来没人问过我这个问题。想了想，他指指墙上的油画说，看见那幅画了吗？年头肯定不短了。我敢肯定，酒店修出来的时候，你还没出生呢。

这个不用他说。油画上是维多利亚女王，正站在阳台上鸟瞰着远方的瀑布。看那画是100多年前的风格，别说我了，就算队医那种老江湖，也没可能在画之前出生。

维多利亚风情

外面的阳光很烈，虽然坐在阳伞下，可依然让人觉得很不舒服。空气很潮湿，有种水汽的味道。从吃饭的地方往远望去，可以看到远远的地方有一座铁桥，其余的就是郁郁葱葱的树林。那个号称可以在多少千米之外就能看到的"声如牛吼，水雾冲天"的瀑布，完全不见踪影。

老牛仔行色匆匆地从旁边走过，手里拿着电话，正在确认旅游行程。昨天是报名参加维多利亚旅游项目的最后一天。我很期待即将到来的直升机航程，据说从天空鸟瞰维多利亚瀑布才是最美的。

不过所有的旅游项目都在第二天才开始。第一天需要完成的只是在赞比西河赏落日罢了。

胜利是不会向我走来的，我必须自己走向胜利。

——穆尔·M

说到赞比西河，绕不过去的就是探险家利文斯通。当地还有他的塑像，这里应该说是他的一个重大发现，不然为什么把那么有纪念意义的铜像放在这里呢？

赞比西河的日落

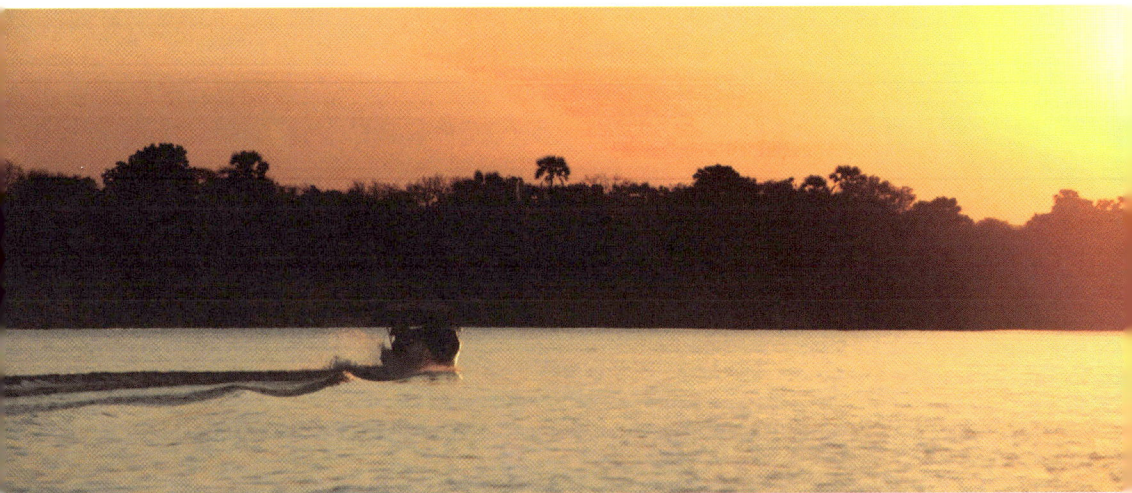

维多利亚瀑布最开始就是利文斯通发现的。来到这里之前他就已经听当地的土人提起过这个从遥远的远方就能够看到漫天水雾的地方。当地人把这里叫作"魔鬼的烟斗"。

所以当有人信誓旦旦地说当利文斯通从上游顺流而下，站在利文斯通岛上看到维多利亚瀑布时是如何如何激动，对这个说法我是不信的——毕竟土人们早就把这个消息告诉给他了嘛。不过相信他对于能够以自己的名字来命名一个岛倒是应该比较有兴趣。更何况到了今日，利文斯通发现的瀑布早已经成为赞比亚和津巴布韦两国的天然分界线，甚至越过界河，我将在赞比亚入境的那个镇子就叫作"利文斯通镇"。

"在英国没有这种美景。没人能想象出这种美丽。在此之前，从来没有人看到过它。如此的美景，只有天使飞过这里时才能看到。"这是利文斯通对维多利亚瀑布的赞美。或许在英国真的没有这样的景致吧：宽广的赞比西河在一团水雾的笼罩下，好像忽然就从地面上消失了一样。雷霆般的暴响轰鸣在几千米外就能听到。据说在晴天，即使是十几千米之外也能看到这团水雾。方圆两千米内，无所不在的细碎水珠会让人在不知不觉中衣衫尽湿。

当然，这是丰水期的事。不过就算如此也已经足够使当地土人震惊了。按说人们对自己家的美景会很快形成审美疲劳，这就像北京人很少会觉得天安门广场和故宫宏伟，四川人也不太会觉得什么"青城天下幽，剑阁天下雄"之类的。但是想想看，我们从出生到现在已经见过多少世面了？从太空看地球这样的奇景我们都在电视上见到过。而当年的土人，可能从出生到死亡也没离开过方圆10千米的地界。终其一生他们也不明白，为什么会有落差如此巨大的瀑布。再多说，可能就会涉及神学、物理学或者历史学了。

所以土人们把这座瀑布叫作"莫西奥图尼亚"，在马可洛洛人的土语里，意思是"像雷霆般轰轰作响的烟雾"。

土人们不了解，不代表利文斯通不了解。不管怎么说，他也是受过当时西方高等教育的探险家。而探险家，对于地理知识多多少少要有些了解。他就说："……赞比西河从它的左岸向右岸不断刻入坚硬的花岗岩。"

什么意思呢？其实这是因为，在当地的花岗岩中，有东西走向和南北走向两种裂缝。东西走向的沉积岩比较软，所以赞比西河就"刻"进了这些沉积岩的裂缝，渐渐以这个方向扩展。而南北走向的沉积岩则比较硬，在冲刷下则保持本色，把瀑布切割成若干段。

这些年来，由于水流不断地冲击，瀑布实际上是在不断向上游回缩的。从某个方面来说，这是好事，因为随着回缩，过去的瀑布和岛屿在下游逐渐形成了许多狭窄和弯曲的峡谷。而这些峡谷，毫无疑问增加了旅行者的乐趣。

> 为了胜利，我们需要勇敢，更勇敢！永远勇敢冲杀！
>
> ——丹东

就像"货币天然不是黄金，而黄金天然是货币"这句拗口的经济学定理一样。维多利亚瀑布从被西方社会发现的那天起，就完全具备了成为旅游胜地的潜能。唯一阻碍它成为旅游地的因素，就是交通。

如果没有足够好的交通，敦煌现在不过仍然是个黄沙漫漫的洞窟群罢了，王道人依旧穷得光屁股。尽管利文斯通把命名瀑布的荣耀献给了维多利亚女王，不过位于非洲腹地这种先天的地理劣势，死死地阻止了国外游客的脚步。没有人想重蹈利文斯通的覆辙，痛苦地死于痢疾和内出血，所以此地一直保持着沉寂，直到1905年。

1905年，铁路修到了维多利亚瀑布。同年，维多利亚瀑布酒店建成。我坐在这家已经100多年的酒店大堂里，看着墙上同样古老的维多利亚女王和乔治五世的油画，一种历史的沧桑感油然而生。

旅行，不就是在景色中寻觅历史，在历史中找寻感悟吗？

不知什么时候，队医站到我身边，说：今天晚上没的聊了。明天一早，要看日出的就要早起。

我苦笑着说：你这样的老江湖自然知道什么时候该去什么地方拍日出。我这样的新丁，还是老老实实地等着旅行团吧。

他问我：你订了什么旅行线？

我说：就订了直升机。你呢？

117

队医嘿嘿一乐，说：我什么都没订。明天一早我就自己去国家公园，然后到点回来和你们会合便是。

徒步穿越国家公园，这个我知道。之前派发的旅行资料和网上找到的攻略里都提到了这种旅行方式。简单说，就是自己到国家公园里去徒步。要是想拍照的，这条线路是最佳选择。因为只有自己掌握时间和线路，才能找到拍大铁桥的最佳角度。

不过这种方法略有些风险。一是安全问题，毕竟游客是在一个完全陌生的国家。二是时间问题，第一次去的人通常很难控制好往返时间。有时候觉得美景就在前方，只要再努努力走一走就能到达，结果却是花了很长时间才到，最后干脆误了火车。之前列车长就说过，到时候火车一旦开走就没可能再回来接人。这里不是美国西部，扒火车肯定不现实。不过火车会在大铁桥上停留。所以如果真误了火车，就得自己想办法爬到大铁桥上。这或许是唯一可以赶上火车的方法。

这我就当笑话听了。沿着赞比西河顺流而下倒是能到，可是难道要徒手攀岩而上？以为大家都是铁道游击队员吗？

说到这个，不得不提的就是赞比亚和津巴布韦的国家公园。津巴布韦这边，依托着维多利亚瀑布有个维多利亚瀑布国家公园。而跨过河去，则是赞比亚的莫西奥图尼亚国家公园。这两个国家公园接壤，动物可以跑来跑去，但是分属两个国家。所以如果想在国家公园里徒步，每穿越一次国境，就需要提供一次签证。

118 在有些资料里写游客可以在一日之内无数次地穿越国境，不必再单独申请签证。但实际上，两国的签证政策时时变化，没人能预知自己去的时候签证政策会变成什么样。所以最好的方法还是干脆搞个多次往返签证，以免节外生枝。

第二天一早，我早早地起床。这里的环境很好，窗外的草地上偶尔会看到各种野生动物跑来跑去。最常见的是野猪，但夜里也会有些其他叫不出名字的动物的叫声。

之前在危地马拉的丛林里我也曾住过类似的酒店。当时他们的宣传语说：让美洲豹的吼声叫你起床！当然，最终我也没看到美洲豹，倒是有不少猴子总在窗外探头探脑。

这里的猴子自然也不少，不过最常在酒店里看到的，却是一种小型野猪。没有长长的獠牙，看起来很憨厚的样子。而且通常胆子不大，看到人走过去就会一溜烟地跑掉。有时候还会看到猴子调戏野猪，给我上午等待直升机的时光带来了一丝快乐。

如果你已经习惯了从一个角度去看世界，那么飞上天空时，你就会发现，观察这个世界，有时候仅需要你把自己的位置变一变。当直升机从地面上呼啸而起时，我才知道，当年利文斯通看到了何种样子的美景：

在一片苍茫大地上，一条大河蜿蜒向东，忽然，这条河消失在了地面上，取而代之的是一片猛然激起半天高的迷蒙水雾。就好像有人在这里忽然张开血盆大口，吞下满条大江，然后再心满意足地打个饱嗝，吐出一口口水。

当地土人把这座瀑布叫作"魔鬼的烟斗"不是没有道理的。那片雾气从近两千米宽的河口处飘飞得半天高，除了魔鬼，没人有这么宽的口腔。我们常说的雄奇瀑布，多源于它的高，而维多利亚瀑布之所以出名，是因为它的宽和诡异。

维多利亚瀑布

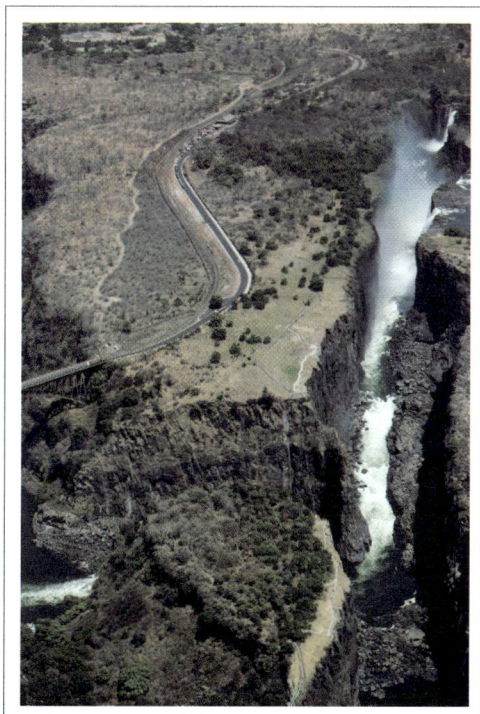

直升机在空中盘旋，卷起的风把水雾搅得四散。阳光下水雾化为霓虹。据说在月圆夜，月光下的雾气别有一番风情。然而此等美景今日却非等闲可见：国家公园的门票是一方面，另一方面则是政治原因。赞比亚自卡翁达政权上台以来，对西方人就抱有深深的敌意。而津巴布韦则因为它糟糕的货币政策而流失了大量的阔佬游客。

乘着直升机在空中盘旋，从水雾旁掠过，成为利文斯通口中的"天使"。这是一个基本型的维多利亚瀑布之旅，增强型的则是在瀑布上空盘旋完毕后，再飞往那两个国家公园（其实是一个）观赏动物。

动物是无所谓国境和签证的，所以这两个国家动物园的内容物大多相似：以大象、长颈鹿、羚羊、河马等动物为主。大型食肉类动物，例如狮子和猎豹，则几乎从来不在这里出现。

据说，在津巴布韦这边，有两只白色犀牛。不过是其他政府送的，应该说不是那种野性难驯的生物。

需要提出的一点是，尽管这种动物的构成最大限度地保证了游人的安全，避免了大型动物袭击人类事件的发生，但动物伤人的危险依然存在。这来源于那些看起来憨厚可爱的河马。虽然通常不会主动攻击人类，但河马一旦发狂，它的牙齿轻易就能给人大腿咬出一个对穿的大洞来。不像狮子和老虎，河马的危险性是深藏不露的。

此外，松散的管理也给偷猎者提供了机会。我坐在直升机上，看动物看得非常清楚。无论是大象还是长颈鹿，都像沙盘上的小玩具。偷猎者要想发现自己的猎物，在维多利亚瀑布附近实在是太方便了。

临行之前，"非洲之傲"的金晓旭先生还传给我一份资料，上面说津巴布韦的偷猎者最近已经不再满足于开枪，而是开始用毒药偷猎成群的大象。不得不说，这实在是一种文明的倒退。

在南非我曾经问过美女护林员梅根小姐，她告诉我，现在偷猎的人非常猖獗，他们配备的设备远比警方和护林员更先进。有的时候直升机仅仅升空几分钟，就足以确认动物群的所在。无线电呼叫之下，越野车快速疾驰，几分钟就能够包围一群大象或犀牛。等森林警察赶来，他们早已一哄而散，只留下地上残缺的动物尸体。

空中俯瞰象群

戏水的河马

　　除了这种小小的插曲，总体来说，像天使一样在维多利亚瀑布的上空掠过，还是一件很惬意的事情。利文斯通说得没错，这的确是一片除了当地土著从没有人看到过的美景。

121

　　这些年来，维多利亚瀑布的常规旅游线路除了价格，基本上没什么变动。最常见也是外国游客最喜欢选择的，但同样也是最没有意思的，就是"与狮子同行"。在人们想象中，这会是一件特别威武、特别自然、特别人猿泰山的行为。但其实呢？与狮子同行，并不像大家想象并期待的那样，每个人牵着一只狮子，大摇大摆尽显丛林之王的威风，或者干脆像遛狗那样，自己在前面慢跑，狮子在后面跟着，偶尔它还快跑两步到前面去等你。

　　那些不过是臆想罢了。真正的"与狮子同行"是一群人大眼瞪小眼地陪着一只狮子。狮子是被驯化过的，大家一起在规定的道路上走几圈。硬说是遛的话，应该是狮子遛人才对。

骑大象也是一样。你以为自己会受到王公一样的礼遇，一头背上驮着金灿灿王座的大象正在路的尽头翘首以待，当你走过去时大象恭敬地跪倒，规规矩矩地等着你爬上去，然后一声昂叫，由象奴引路大步前进。

然而实际上呢，骑大象通常是四人共乘，每个人占一个角。而且大象背上颇为颠簸，象毛也坚硬如钢针。坐在前面的两人还好，后面两人就像坐在公交车倒座上一样，颠簸且让人头晕。所以这种骑大象的体验并不是什么值得享受的好事情。

诸如此类的活动还有很多。然而不客气地说，大多数活动都并没有宣传片上那么好。而且这里的旅行方式是由各家旅行社分别招揽好客人，然后在固定的时间统一由一辆车到酒店接上客人，待游览项目玩完之后再把人送回酒店。

应该说，这样的安排对于我这样只选择了直升机的人来说是很合适的。但是不要忘记，车上的骨灰级玩家们可不会像我一样只选择一个项目！比如老杰，他就把几乎所有的项目，除了需要太长时间或者路程实在太远的之外，全都选了。

所以老杰那天变成了全车最倒霉的人。他每次的游览项目都是从维多利亚瀑布酒店开始，到维多利亚瀑布酒店结束。一共报了7个项目，买了7次门票，而且每次都是双份！因为比如陪狮子散步，狮子可不会像人那样只在国境线内转圈。所以门票钱也必须在津巴布韦和赞比亚各交一遍！

可怜的老杰，那天一共交了十多份门票钱。每张门票30～50美元，光门票就花了好几百。而且他像明星赶场一样，来回来去地在从公园到酒店的路上奔波了七次。除此之外，所获甚少。

后来有人和老杰说，如果可能，其实他应该去"魔鬼的泳池"看看，虽然我们去的时候并不是维多利亚瀑布的丰水期，赞比西河的水量最多只有平时的一半，不过就算是这样，也足够壮观了。

老杰果然没有事先做好功课，他连"魔鬼的泳池"都不知道。最后还是我告诉他，所谓魔鬼的泳池，是在维多利亚瀑布里，某一段瀑布前有一片平稳的水面。这片平稳水面距离瀑布边缘只有两三米远。平时那些胆大的游客自然可以在泳池里游泳，但若是不小心，就有被卷落悬崖的可能。因为这里每年都有不少游客死于意外，所以当地并不把这里作为主推的旅游项目。

老杰闻听此事，大为感兴趣。看那架势，若不是发车在即，简直就要立刻跳下车去一游为快。让人不得不感叹美国人的玩心之重。

有没有人自己去国家公园徒步呢？当然有的。我就碰到了一对美国夫妇，早上天刚蒙蒙亮就出发去了国家公园。维多利亚瀑布像一条长长的弧线，从国家公园里切过。弧线外侧有一条和瀑布同样角度的同心弧线，距瀑布一千多米。这是公园在瀑布边的栈道，也是徒步者最常用的路线。

徒步者可以从外侧的栈道开始，远远地观察这片赞比西河突然消失的地方。然后沿着栈道从西向东走。途中随时可以从小路插到瀑布边上，或者从瀑布边上回到栈道上。但需要说明的是，这样的徒步，代价就是衣服全湿。无论是轰轰作响的雷霆还是魔鬼的烟斗，那可都不是吃素的。

一旦尝试过飞翔的滋味，你就会时刻仰视天空，渴望再次回到那里。

——列奥纳多·达·芬奇

夕阳西下的时候，火车终于离开了维多利亚瀑布车站驶向赞比亚。不过上车前列车长承诺，当火车经过大铁桥时会停下来让大家拍照留念。所以尽管已经很疲惫了，大家还是兴高采烈地拎着相机，等着火车经过铁桥的美妙场景。

在这里要向大家普及一个知识。拍火车的相片如果要想照得好看，角度常常就是那几种：从火车前面拍车头缓缓启动，再就是在大转弯处拍火车蜿蜒曲折，又或者是在一片大景色里拍火车笔直如龙。总之要想把火车拍好看，多半要把它放在一个大景之下。

很明显，维多利亚瀑布上的大铁桥就具备了这样的潜质。

这座始建于20世纪初，曾是"开开铁路"一部分的大铁桥，除了打通了维多利亚瀑布与外界的联系，还随着旅游的不断开发渐渐变成了维多利亚瀑布游览线的重要一环。同时，它也还是赞比亚和津巴布韦的分界线。

从铁桥上走下去，可以看到几个不错的观景台，从台子上能照到火车与铁桥的全景。当我心满意足地走回来时，队医正靠在距离火车最近的一个观景台栏杆上看着我笑。

我很是惊讶，因为一整天都没看到这个老江湖了。于是我问：你今天去哪里了？

他很神秘地摆摆手，说：不能说。

我很好奇，这有什么不能说的？你去骑大象还是找狮子散步了？反正肯定不是去直升机，我知道你不会去的。

他说，对，我肯定不会去坐直升机。只有你们这些初哥才会去那里。

我说，那这里还有什么好去处？大象和狮子都挺没劲的。

他就开始笑，说，你们这些第一次来的人哪里知道，维多利亚瀑布多有魅力啊。我每年都要来这里蹦极的。这才是勇敢者的游戏！你看看，前面那就是蹦极点。从大铁桥上跳下去，感受到风在耳边吹，自己就像鸟儿一样……

说着他又指指下面的峡谷说，那里面现在也可以玩漂流。现在水流还不够急，等雨季的时候，常常是水流裹着皮划艇从这块石头边上钻过去，又从那块石头上面飞回来……

我打断他的话，说：那你到底去玩哪个了啊？我看你衣服都换了。

他瞟了眼渐渐走近的队医夫人，冲我使个眼色，特别一本正经地说：我？我哪儿都没有去啊。我现在老了嘛，这些游戏玩不动了。

好吧，看着面色不善的队医夫人，我知趣地没有再多问。不过可以肯定的是，队医这个老江湖绝对不会亏待自己，而且一定玩得很开心。我觉得他在某种程度上像利文斯通一样，喜欢冒险喜欢挑战，喜欢这种勇敢者的游戏。

124

与队医在铁桥上

11
Eleven

殇痕

　　　　　　　对逝去年华的追忆无须与真实记忆如一。

　　　　　　　　　　　　　　　　　——马塞尔·普鲁斯特

　　当车轮轰隆隆地碾过不同的铁轨时，发出的声音其实是有区别的。

　　走过那些粗制滥造的铁轨时，你会觉得随时有种摩擦牙齿的声音可能出现。虽然从理论上说，你知道铁轨不可能忽然散架，火车也不会猛地出轨。但听到的声音终究会让人觉得心中有些不踏实。

　　如果是走在精心打造的铁轨上，你听到的就是电影里出现的那种有规律的咣咣声。听着让人觉得蛮安心的，简单重复的声音甚至有轻微的催眠作用。尤其是在深夜，看着窗户里透出的灯光映在道边的鹅卵石上，然后鹅卵石飞速地从眼前掠过，又被甩向后方。远处的灯光最终消失在遥远的天际，伴随着火车碾轧铁轨的声音，人会有种莫名的安全感。

　　对自己熟悉的东西，我们总能轻易就分辨出它与其他事物的区别。而对不熟悉的东西，就会把它和其他事物混为一谈。无论是分辨人种，还是谈男女朋友，莫不如是。

　　所以在一个阳光明媚的下午，我在火车后面的观光车厢慵懒地闲聊时，忽然觉得莫名舒服。这时我就知道,火车已经走上坦赞铁路了。

其实这一路,坦赞铁路已是常听到的词了。

在"非洲之傲"的宣传册上,总长近2000千米的坦赞铁路被当作一个宣传点单独提出。而要想在和别人聊天时显得有些历史深度,"坦赞"也是个不得不了解的名词。

坦赞铁路起点

失修的坦赞铁路一角

但坦赞铁路是什么？这词离我实在太远太远。无论是从历史还是地理上来说，都如此。我会和其他人说坦赞铁路如何如何，这就像七月骄阳下的高中地理考试，满嘴名词仿佛地球就是自家后院，自己就是无所不知的秘书长，但实际上，贫瘠的大脑里浮现的只是一行行枯燥的印刷体。

出于意识到自己的无知，我在旅途中其实并不太敢与同行的老油条们聊起坦赞铁路。一方面他们都经验丰富，而且说来惭愧，他们要想了解坦赞铁路，获取资料其实比我们方便太多。另一方面，坦赞铁路修成于20世纪70年代初，那时候我还没出生，而车上那些老人则全都经历过那个年代。走过经过，自然懂得。谁也说不清当时他们对修建坦赞铁路是摇旗呐喊还是痛心疾首，但不管怎么说，我真不太敢在那群老人面前卖弄自己的印刷体知识。

但很显然他们并不这样认为。他们固执地觉得，就像中国人都应该会功夫和针灸一样，我也理所当然地应对坦赞铁路这条比我还要大上好几岁的铁路了如指掌。一路上他们最喜欢对我说的一句话就是：你的手机有信号吗？我们不能打电话啦。中国人修了坦赞铁路和手机站，所以你的手机当然应该有信号啊。

我知道这不是讽刺，因为从他们的话里我听出浓浓的羡慕。一群已经习惯了平板电脑和手机永远在线的现代人，被扔到沿途的信号基站少得可怜的非洲大陆，那种小老鼠挠痒痒的感觉都快发展成身心障碍了。而每当这个时候，我总很惭愧地把手机悄悄塞进口袋。因为我怕他们因为看到我有两格多信号的手机所以拉着我从手机聊到铁路，而我实际上既不懂得历史也不懂得通信。

希望是万恶之首，它不断延长着人们的痛苦。

——尼采

那天中午在餐车，列车长忽然敲响酒杯示意要发言。大家都静了下来，等待他宣布这条路上又发生了什么突发事件。这种事之前几乎未曾发生过，但所有人在启程之前就已经被提醒过，在非洲什么都可能发生。

除了婚礼冷餐会外，敲响酒杯果然不会意味着什么好事。据说前方发生了车祸，所以火车只能在铁道上等待，直到车祸现场清理完毕才能继续前进。不过好消息是坦赞铁路质量过硬，所以一旦事故车辆处理完，火车就会努力加速前进，争取把延误的时间抢回来。

尽管已有思想准备，但这个消息仍颇让大家感到意外，并非因为火车晚点本身。对大多数国家而言，火车晚点都不是什么新鲜事。毕竟一个钢铁怪兽在陆地上奔驰，谁也不能保证永远没有意外发生。像德国人那种可以把火车的时刻表精确到分的严谨，这世界上并不太多，尤其是在非洲。

倒不是说非洲就应该如何，而是对于物产丰富的热带地区，因为很容易就可以取得生活的必需品，所以这些地区的人往往会比较闲散，没有分秒必争的时间观念。

只是因为这一路行来，我们是孤独大陆上的孤独旅客，绝少能看到其他火车，通常看到的只是旷野和无穷尽的白蚁窝，所以大家对于居然能出现车祸这种现象感到惊奇。当然，我亲爱的德国旅伴有点儿傻了。杜夫夫妇俩按照德国人的习惯，严格地根据列车时刻表订了接下来的飞机票。

喝咖啡的时候，我随口问服务员：这是什么地方？

小姑娘看看外面，对我说，卡皮里姆波希。

在非洲待的时间长了，对这种拗口地名就很免疫了。于是我就很平淡地"哦"了一声，然后走开。

过了会儿，我忽然觉得不对，又返回头去找小姑娘，问：是不是已经上了坦赞铁路？

她睁着大眼睛，微笑着说：对啊，不然为什么会撞车？

当时我觉得这逻辑超级奇怪，只是出于礼貌才没有反驳她。但后来我才知道她的意思其实是说，到了坦赞铁路，火车多了，才会出车祸。要知道，之前的铁路两旁最常见的是根本没人打理甚至荒草高过房顶的候车大厅。一路行来，看到的黑人小孩数以千计，可见过的火车两只手的手指都数得过来。

之前在赞比亚边界买的铜手环，静静地放在桌子上，闪着深红色的光。

很多火车等在卡皮里姆波希的车站，主要是货车，有封闭车厢的也有露天的。摩肩接踵的样子让我想起在巴拿马运河河口看到的排队等着过运河的货轮。只不过那些轮船虽然等在河里，却都显得生机勃勃，而这里的火车却总透着一种萧条。

如同昔日喧嚣无比，今日却冷冷清清的坦赞铁路一样。

之所以说到铜手环，是因为修建坦赞铁路的起因就是赞比亚的铜矿石。

赞比亚是个内陆国家，完全没有港口。在20世纪初期，它叫北罗德西亚（还记得罗德斯的庞大帝国吗）。而坦桑尼亚也不叫现在这个名字，更不是个独立的国家，而是德国在东非的殖民地。第一次世界大战结束后德国战败，坦桑尼亚被移交给了英国，成为国际联盟的托管地。北罗德西亚产铜，却因为没有港口而运不出去。眼看着一大堆铜矿石堆在东非腹地白白浪费，英国人心疼坏了。于是就想：为什么不能建条铁路把铜矿石运出去呢？

修建一条从北罗德西亚到坦桑尼亚的铁路就被提上了议事日程。但很遗憾的是，因为全世界遭遇了经济危机，这个计划被搁浅了。当时整个西方世界都忙着把自己剩余的牛奶倒进密西西比河，没人顾得上另一块大陆上的一堆铜矿石。

第二次世界大战后，修铁路的希望伴随着和平的到来又重新燃起。北罗德西亚到坦桑尼亚的铁路计划被重新提出来。然而很多人认为，当地农业发展水平那么低，而且当时通过莫桑比克和安哥拉的铁路运力已经足够满足铜矿石的出口，所以新修铁路是完全没必要的。世界银行也说，修铁路实在是太不经济了，修条公路就足矣。

修一条高品质的公路固然所费不菲，但修建铁路耗资则可以用巨大来形容，甚至用金箔贴在地上来比喻也毫不为过。

不过好在对于这种从崇山峻岭中通过的铁路，征地费很明显是省掉了。但同时，在人迹罕至的地方修铁路，成本和收益都是必须要考虑的问题。所以当时北罗德西亚并没有特别的动力一定要修这条耗资巨大的铁路。

后来随着北罗德西亚独立并改名为赞比亚，南方、东方和西方的运输路线同时被卡，国际贸易路线几近断绝。于是赞比亚总统和坦桑尼亚总统就着了急。坦桑尼亚总统找了中国的勘探队，而赞比亚总统却不太相信共产主义，所以希望寻求西方人的支持。

当时，赞比亚要把铜矿石运出只能通过坦桑尼亚。不过西方人给赞比亚的答复却非常让人失望：他们的勘测报告说得天花乱坠，但是答应的援助却迟迟没到位。

我想，整个火车上的旅伴们应该没有几个人具体了解当时这点儿事。不在其位，不谋其政，如果不从那些解禁的资料中翻找，他们不会知道这些事的具体由来。太多时候，他们的资料来源是西方媒体拍的看似独立的纪录片。但那些媒体的判断是否公允？背后有没有收了什么基金会的钱财？这个就只有天知道了。就像我曾经看过一部关于坦赞铁路的纪录片，片中称，中国总共为坦赞铁路投入6~10亿美元，其目的是从赞比亚得到紧缺的铜资源。

我深深质疑这种说法的准确性——铜虽确是当时中国紧缺的资源，但以20世纪70年代的综合国力，拿出10亿美元只为了得到万里之外的铜矿石？这实在是有些不切实际。

钱拿没拿？拿了。但是绝对没有10亿美元那么多。据说，中国政府为坦桑尼亚政府和赞比亚政府分别提供了7500万英镑和1500万英镑的援助。而这些援助并没有附加任何政治要求。这也是为什么现在走在这两个国家的街头，仍然会听到很多人津津乐道当年中国政府的慷慨之举。

坦赞铁路，是中国政府在英美加拿大等诸多西方大国都拒绝了援助修建铁路计划后，独力挑起来的重担。这种重，并不仅仅是表现在当时那种穷得叮当响的时候还要勒紧裤腰带。严格来说，这不是钱的问题。而是当时中国提供了几乎所有的工人、技术、原材料、运输工具……哪怕只是一颗道钉，也是不远万里从中国装船运到坦桑尼亚的。

这也就是为什么当我坐在奔驰着的古董火车车厢里，脚下是广袤的非洲大地，听到的咣咣声却让我觉得熟悉的缘故。那种似曾相识的感觉，来自那些沉睡在此地已经40多年的铁轨、道钉和枕木。它们似乎还带着当初修建铁路时中国人的喘息和汗水，带着当时的尘土和海水的味道。

> 人类更愿意报复伤害而不愿报答好意，因为感恩就好比肩负重担，而复仇则快感重重。
>
> ——塔西佗

如果故事就此结束，那自然是个皆大欢喜的欢乐结局。

然而事实就是这样无奈。前前后后历时五年，开山破石、蜿蜒千里的高品质铁路，现在却已经渐渐趋于死亡。就像一个老年人，代表着过去一个时代的辉煌。虽然孩子们希望他能健康百岁，还经常买些补品过去表孝心，但死亡的阴影已经毫不留情地笼罩到了这个迟暮老人身上。

　　坦赞铁路曾经每年的运输量是120万吨。但到了2003年这个数字是63万吨，整整少了一半。再之后，这个数字越来越少。曾经的纪录片里，可以看到很多黑人喜笑颜开地扛着一筐筐水果，挤到火车上奔赴下个镇子。这样的场景已永远不复存在。

　　这条铁路用的是窄轨，据说这样的铁轨有利有弊。它用的车头主要是"东方红"牌的，有朋友告诉我说这个是国内"北京"牌车头的外销品种。当然，我不是铁道部的工程师，也不是驻坦桑尼亚的医疗队员，对技术性名词其实所知甚少。但这并不妨碍当我看到火车站上那一个个废弃在道旁任凭风吹日晒的"东方红"车头时，觉得心酸。

马坎巴科车站售票处　　　　　　　　　　　　　　　　马坎巴科车站

2008年，坦桑尼亚当地报纸曾经形容坦赞铁路现状为"在破产的边缘"。据说当时因为财政危机，坦赞铁路已经拖欠工人工资数个月，而在此之前，也有很长一段时间都发不了全额薪水了。

在外媒的报道里，似乎这一切都是因为中方驻坦赞铁路公司的专家组不作为或是管理混乱而导致的。但在我看来，如果抛开当时中国在寻找政治盟友这一目的，单纯从经济角度来说，当时西方国家对这条铁路的判断其实是很正确的。

穿山越岭的铁路，其修建初衷是运出矿石并且拉动铁路沿线的经济发展。但山里究竟有多少运输需求呢？而如果没有需求，单纯的运输其存在价值还真比不上快递公司。

大量的运力被闲置，而时刻表一旦排定，火车亏本也要继续开，其结果就是恶性循环。尤其是最开始的时候，赞比亚四面全是敌人，只能依赖坦桑尼亚的出海口。但是现在，整体局势远没有当时那么紧张。南非废除掉了种族歧视政策之后，更向非洲各国伸出了橄榄枝。

在国与国的关系里，没有永恒的敌人更没有永恒的朋友。何况，掌握坦赞铁路的机构从根本上来说，只不过是个"坦赞铁路公司"而已。无论是还不上钱还是干脆破产，都不过是公司行为，全然与国家毫无瓜葛。再加上非洲国家政坛往往一朝天子一朝臣，政治政策和理念变来变去，人亡政息也是应有之义。

赞比亚和南非重拾起橄榄枝，就再未曾让它从手中滑落，最直接的结果就是不再有那么多铜需要从坦桑尼亚出口了。再加上建成了大量的公路，铁路的重要性就进一步下降。没有货，就没有钱；没有钱，就没有人；没有人，就没有养护；没有养护，就没有铁路。三段论的推理永远是这世界上最稳固的逻辑基石。虽然铁路的质量很好，但"年久失修"四个字，是上到列车长下到服务员对乘客的唯一解释。路边检修工住的小房子，早已隐藏在荒草中，只有仔细辨识才能找到当年曾经住过人的痕迹。屋顶完全不知哪里去了，我从未见过荒草可以长得像树一样高。

前方的车祸已经处理干净，"非洲之傲"缓缓地加速向前。路过卡皮里姆波希月台，可以看到在那些等待驶入坦赞铁路的车厢旁边，还有很多散落在铁轨外的车皮。是的，散落着，似乎被人从铁轨上硬生生地扒下去，推翻在地。历经风吹雨打，车厢已被风化腐蚀出一个个锈迹斑斑的大洞。虽然没有汉字，

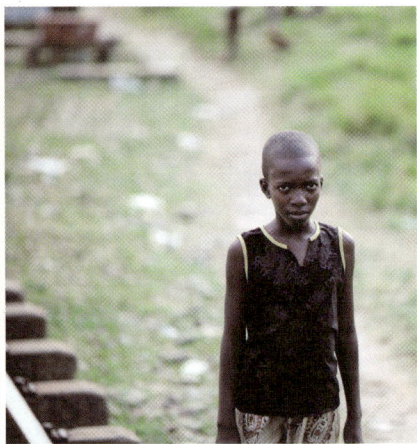

坦赞铁路铁轨　　　　　　　　坦赞铁路旁的非洲小孩

但我仍然固执地认为，这些车皮，就是当年中国援助坦赞铁路时的车皮。这个车站给我的感觉就像一个沉默的墓地，让人压抑。

火车缓缓加速，在优质的铁轨上时速很快就升到了60千米，这在坦赞铁路上已经是跑得飞快的速度了。据说，坦赞铁路公司自营的车头，平时基本时速也就是二三十千米。当然，速度对公司来说也没有实际意义。快些慢些，不单是公司不在意，那些越来越少的乘客和从不发言的矿石也不在意。所以火车上的时速表基本上都是坏的，修理毫无意义，铁路公司也就由它去了。

天将擦黑的时候，火车又慢了下来，停在了一个小车站。这并非计划内的停车。我坐在车上的酒吧正和其他人聊天，收到了来自金晓旭先生从国内发来的短信，说据火车办公室的消息，前方又出现了车祸，一切正在处理，请静静等待。

友善的队医先生建议我回条短信，就说：谢谢提醒，但别再告诉我这种消息了。

我只能对队医说，中国人好像蛮难接受这种幽默。

阳光斜照在车站上，远处隐隐传来学校放学的钟声。一群孩子边笑边跑，跑到火车边便停住了脚。或许是平时很少见到火车吧，也或许是黑人骨子里的那种喜欢手舞足蹈的天性，他们都睁着圆溜溜的大眼睛看着火车，发出哧哧的笑声。无论男孩女孩，都留着短短的头发，区别只是女孩子蒙着面纱，面纱上露出的大眼睛很是可爱。

老杰的太太放慢语速，用英语和他们聊天，未果。她转过头，对我一摊手，说：斯瓦希里语很难讲的，对吧？

我没有接她的话茬儿，只是凝望着铁道。

阳光照在枕木上。虽名为木，却是混凝土所制。四四方方，透出工业时代的严谨。经过了岁月和风沙无情的洗礼，依然坚硬无比。纵有些许裂痕，却不改其坚固安稳的本色。从裂痕里顽强挣扎着长出的小草，沐浴在夕阳里，草叶像剑锋，直指青天。

有的铁轨精光闪闪，大多却锈痕斑驳，只是在阳光下，被云影遮去了分别。

枕木下的石子被小孩随手捡起，又随手丢开，发出清脆的响声。

在铁轨上嬉闹的小孩

135

响声和云光都洒落人间，几个牟体字铭刻在枕木上，似乎在提醒着那些黑人孩子，这条路是40年前由一个遥远的国家，在自己的国民尚且吃不饱肚子的时候，几乎举全国之力运来建造铁路所需要的每一件东西，付出了60多条人命才修起来的。那笔巨额的长期无息贷款，时至今日仍未还清，而这条铁路已经眼看就要寿终正寝，铁路公司也几乎完全倒闭。

几年前，这个遥远的国家宣布免除了这笔巨额贷款的50%。但就剩下的这50%何时能还清，或者说能不能还清，都还是个未知数。

所以，眼望着那些刻满历史伤痕，如今却面对死亡的遗迹，那种复杂的心情，正在和黑人小孩玩"你猜我猜"游戏的老杰夫妇是不会懂得的。正在焦急地找列车长企图联系航空公司改签机票的杜夫夫妇也不会明白，旁边正疯狂品酒的队医和举着手机到处找信号的老安迪，都不会懂。

那种心情，只有能看懂枕木上字的人才会明白：

"中华人民共和国制"。

一如历史的烙印，毫无道理，却分外清晰。

枕木上刻着"中华人民共和国制"

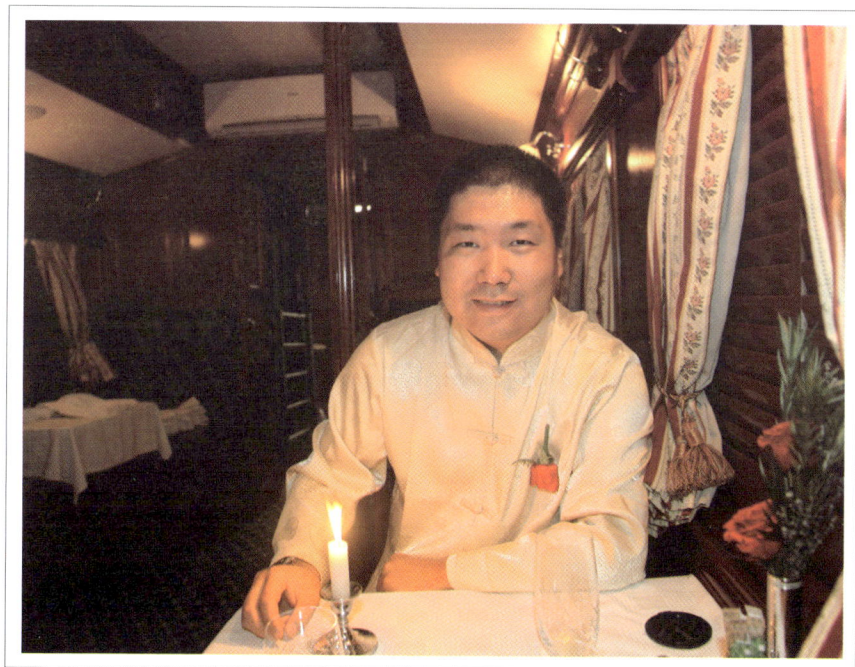

12
Twelve

有故事的人

有人说，从月亮上看地球，能且仅能看到的两座建筑就是荷兰拦海大坝和中国的万里长城。

但也有人说这是谣传：外太空能看到的东西远比这个多。所谓的拦海大坝和长城，不过是出于宣传目的而编出的谎言。

还有人说，以上都是瞎说，因为在外太空看地面除了能看到河流、山脉和云卷云舒外，什么人工建筑都看不到。就算有人说看到了，多半也是自行脑补出来的，就像一个人忽然指着天空说"飞碟"，马上会有一堆人围上来相互做证一样。

在太空旅行不能成为新马泰几日游那样普及的项目之前，我们无法分辨这些说法的正确性。不过感谢卫星和互联网，我们可以把希望寄托在卫星地图上，通过一小块一小块饼干大小的照片，来试图推论出从外太空看地球的样子。

管中窥豹，落叶知秋，无非如是。

旅行也如此。

人类无法拥有上帝之眼，也无法回溯历史长河。全能视角和驱散战争迷雾只能是游戏世界里的作弊码。对于一段旅行真正的样子，根据"人无法踏入同一条河流"的原理，所处时空时刻在变化的我们其实是无法全面体悟的，因此只能从一件件的小事里去寻觅和拼凑。当小事足够多，多到可以组合起来时，我们对旅途就有了一个大致的基本认知。

就像幸福感。要知道，幸福从不来源于那些惊天动地的大事，反而是来自那些看似不起眼的小事。当小幸福积累得越来越多时，幸福感自然会油然而生。

旅行前我一直在想，维多利亚风格是什么样的？

在"非洲之傲"的宣传册上，维多利亚风格是彬彬有礼的侍者替你拿行李，送你上火车，陪你看动物。一口地道的伦敦腔虽无可能，但忠心耿耿定是必然条件。就像"星期五"之于鲁滨孙，各位读者想来也从未期待他在智谋上有多高的表现，取其忠诚二字足矣。

如果在英剧里找寻一二，那么据说"唐顿庄园""完美地"再现了维多利亚时代的风采，因此拥有了很多怀旧的拥趸。

只是我对此持怀疑态度。历史究竟是怎么样的，在没有足够的佐证之前，只能是任人打扮的小姑娘。毕竟不可能有人站出来说，维多利亚时代就是这么个样子，我当年亲眼所见啊……

所以从某种程度上说，横店和唐顿庄园其实是一样的。法国人的葡萄酒未必最醇，英国人的英伦风未必最正。每个人的心中都有自己的哈姆雷特，每个人都有属于自己的维多利亚旅程。

她是一个老太太。

在开普敦上车的时候，我就注意到她。她佝偻着腰，松弛的皮肤显出一种病态的苍白，像在水里泡了很久，完全丧失了弹性。她手上的老人斑密密麻麻，无声中出卖了她的年纪。她从旁边的服务员手里拿过一杯发泡酒，整个人瘫坐在沙发上，喘着气，一边喃喃自语，一边把橙黄色的酒液一饮而下。我很好奇她究竟在说些什么，把身子靠近，耳朵立直，却完全听不出在她那宛如梦呓般的话语里，究竟隐藏了些什么样的秘密。

只是每次吃饭时我都会看见她，她独自一人坐在角落的单人桌旁。整列火车一共有两节餐车车厢，只有这样一张单人桌。她戴着镜片厚厚的眼镜，穿着一条小碎花的连衣长裙。脚上是老式的肉色短袜，袜口的松紧带已经完全失去了功能，松松垮垮地搭在脚面上。

她从不合群，每次下车旅行时都很难看到她的身影。她那巨大的圆形眼镜

"半瓶酒女士"

片和老式发卡，只会在餐车里出现。每天中午和晚上，她都会从冰桶里拿出一瓶葡萄酒，自斟自饮掉半瓶，再拿上剩下的半瓶回房间，全然不顾服务员刚刚才摆上正餐的餐盘。

我注意过，她每次喝掉的酒都恰好正是半瓶，好像用最精密的仪器量过一样。

等到旅程都结束了，我也不知道她叫什么，只知道她来自德国边境的一个小镇。她的英文不好，带有浓重的德语味道，这使得我无论如何也记不下她的名字。但因为她每次都只喝半瓶酒，所以我就悄悄地叫她"半瓶酒女士"。

140

知识即财富，无知即贫穷。

——阿里·伊本·阿比–塔里布

他是一个老人。

头发花白，显示他的岁数很大了。这是我对他的第一印象。

然后你就会注意到他的眼睛。我很少见到有男人的眼睛可以表达这么多东西。明眸善睐，常用来形容花信女子。随着人年龄的增长，眼角膜逐渐变得混浊，透光度下降。所谓精光四射什么的就再也别想了，不显出那种病态的黄色或者红色，没有在眼角糊满眼屎，就已经是身体康健的表现了。

要想在一双已经用了几十年的老人的眼里看出些东西，很难。

所以形容某人老谋深算的时候，我总觉得这是因为人很难从老人眼里看出些什么的缘故。一方面是他已经学会该如何掩饰，另一方面则是因为他的眼睛实在不像婴儿那样纯真且透明。

但我在看到他眼睛的时候，会觉得这个普遍生理规律似乎在他身上不起作用。看着他你就会感觉到他的笑容。"真诚"和"友善"这两个词会直接在脑海里闪现出来，从而让你不愿意去想他是否曾经有什么不开心的往事。

最开始注意到他，是因为他总喜欢一个人坐在列车后方的观景车厢，静静地看着外面的旷野。通常他都会带着本书，有时候是马克·吐温的小说，有时候是本游记，有时候则什么也不拿，只是坐在阳光里。

他也是独身上路的旅客。虽然"非洲之傲"的车厢很是舒适，但我想，人老了总是更喜欢待在人多的地方。所以我常常会在火车上任何一个地方发现他的身影。

他叫安迪，满头白发。

我喜欢和安迪聊天。可能人活的时间足够长以后，总是会积淀下来一些独特的东西。安迪是个好听众。他平时话不多，总会以鼓励的笑容来让你说下去。但如果说到他感兴趣的话题，他也会是个滔滔不绝的雄辩家。

我们聊起了萨克拉门托，那是加利福尼亚州州府所在地，但通常并不是游客的首选。安迪的家就在那里。他把那座城市夸赞得天上少有地下绝无。我能

老安迪

142

143

理解一个人喜爱家乡的热忱，但无法赞同他的审美。

我们也聊起了北京和上海。安迪曾经在中国工作了很多年，不过那已经是20世纪80年代的事情了。他不是狂热的中国粉——话说那种人我也见过，多见于年轻的"中二病"患者（主要指那些自我意识过盛，狂妄，又觉得不被理解、自觉不幸的人，对于成年人，指其成形的价值观与尚未脱离的幼稚想法互相混杂）中间。他们会无比热爱所有看起来具有中国风的东西：太极，长城，宫殿，熊猫，忍者，寿司……

看到了吧？很多西方人其实很难分辨中国、日本、韩国的文化差异。对于东南亚，因为人种和历史沿革的影响倒还好辨识，但对于中国和日本，在他们看来几乎是一模一样的，就像国外的中餐馆往往是越南人开的，脑残粉的分辨力无下限几乎是共识。

但安迪不是。他可以用颤抖的手哆里哆嗦地画出黄河的走向，可以靠回忆估算出从北京到上海或广州的距离。一个中国学生如果没有考试在屁股后面催着的话，又有几个人能做到这一步？

博学的人是有福的。安迪学识够广博，眼界够开阔，常常会吸引一批老年妇女围在身边。既然是老人家，自然也不会有什么忌妒的丈夫出来搅局，反而不少人都会为安迪的见识而喝彩。

有一天我终于忍不住问安迪：你走过多少个国家了？

问这话的意思不是我想套近乎，而是确实发现无论说到哪个国家，安迪都能说出个子丑寅卯来。北美自然不在话下，中南美、东西欧、南洋北洋、远南中东……就几乎没有他不清楚的地方。

安迪呵呵一笑，说道：人老了，具体数目哪里记得住。

我不死心，继续问：大概有多少？说个概数就行。

安迪低下头想了想，说：150多个吧……

好吧，我想我知道了身边的旅伴都是些什么样的老江湖了……

而大卫杜夫其实不叫大卫杜夫。

他的名字我根本记不住。德国人的名字我觉得往往走向两个极端，要不就是一目了然简短易记到极点，要不就是又长又拗口，完全不考虑其他人该怎样称呼

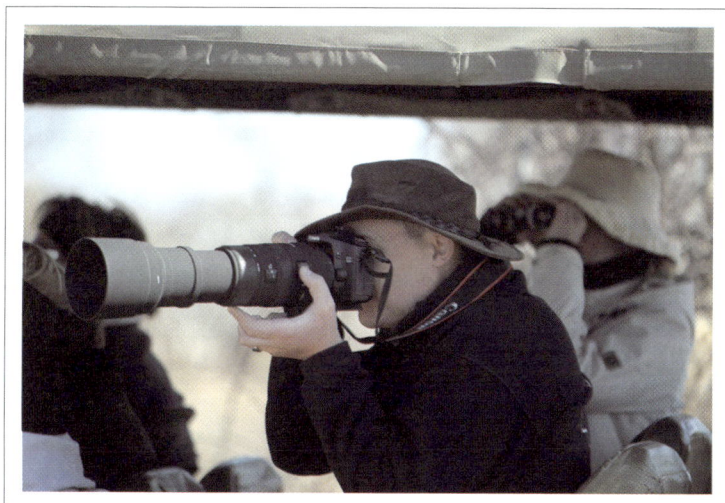

杜夫夫妇

自己。

　　大卫杜夫夫妇就把这两条全占了。

　　漂亮的杜夫夫人的名字很好记，叫安娜。一头短金发，脸上的线条笔直，再加上即使是在白种人中也能算白净的皮肤，看着像希腊神殿里的雕像。巴伐利亚州姑娘那种开朗和满不在乎的豪爽，让人很容易就心生好感。

　　潇洒的杜夫先生的名字就占了另一个极端，他的名字很长，长到我根本记不住的地步。我也曾经试图音译他的名字，不过觉得最终会突破七个字，于是作罢。不过考虑到他最爱每天晚上叼着一根大卫杜夫的雪茄和我聊天，所以我在私底下就直接叫他大卫杜夫。

　　实际上，他俩确是我在车上比较聊得来的两个伙伴。其他的老人家往往喜欢一些老人运动，比如说那些老妇人没事就打个毛衣，打个毛衣，然后再打个毛衣什么的……倒是杜夫夫妇属于那种精力充沛型的。安娜还好，每天只是喜欢到处走动着串门聊天，杜夫先生则是扛着一个比我相机镜头更长的巨型长焦镜头蹲守在观景车厢，一有什么风吹草动立刻像狙击手一样进入警戒状态。

　　人不是机器，只有千日做贼哪有千日防贼的道理。任凭你何等英雄好汉也不能天天紧绷着一根弦，所以杜夫先生这种极端紧张的状态没维持两天就坚持不住了。他最爱在晚餐时干掉大半瓶葡萄酒，然后趁着酒意到后面的雪茄车厢去享受一下心爱的大卫杜夫。

那天晚上我走过雪茄车厢时，看到他们夫妇俩正和列车长坐在里面聊天。安娜端着杯酒静静地坐在旁边听他们大声聊着。我忍不住也参加了进去。杜夫和列车长一人一根粗雪茄，很快车厢里就烟雾缭绕，换气扇拼命转也换不掉那越来越浓的雪茄烟雾。

我打开窗，窗外的旷野上漆黑一片，只有火车车厢里露出的光照在旁边的路基上。夜风吹进车厢，卷起烟雾又从另一个车窗里喷涌而出。

往常从不喝酒的我，那天也忍不住加入了他们的聊天里。我们海阔天空，想到哪儿就聊到哪儿。从谈话里我知道了杜夫先生出生在汉堡，而安娜则出生在阿尔卑斯山附近的一个小镇。两人现在都住在海德堡。说来也巧，安娜老家的那个小镇我曾经去过，而两人现在的家，距离我在海德堡时的住所仅仅几百米而已。我们聊到了他家楼下的那家酒吧，聊到了老桥边上的黄铜猴子，还聊到了从海德堡去法兰克福时高速路口那个特别隐蔽的测速摄像头……

安娜在旁边边听边笑，说话带着德国南部巴伐利亚州姑娘那种热情劲儿，不过我从她时不时一顿一顿的表情上能看出她喝得有点儿多，已经醉了。

说着说着，杜夫先生借着酒劲儿问列车长，说他在车上看到了一个老乡，觉得那人很有意思，只是除了吃饭时就几乎看不到她了。我一听就知道，这说的不就是"半瓶酒女士"吗？

果然，列车长想了想说，我知道你说的是谁了。她啊，她可是个非常特殊的客人呢。

哦？看到有八卦可听，我的兴致立刻高了起来，急忙起身坐好，聚精会神地准备一听端详。安娜也从刚才的半睡半醒中挣扎着清醒过来。而杜夫先生则拿起酒精灯点燃一根新的雪茄，顺手又递了一根给列车长。

列车长也把雪茄点上，长长地吸了一口，半晌才把烟雾吐出来，说：她是老客人了，每年都会坐"非洲之傲"，有时候一次有时候两次，多的时候三四次也有。她似乎就只有自己一个人，从没人听说过她家人的情况，也不知道她有没有孩子。反正所有的列车长都知道，她就自己一个人，上下火车出入站台都需要列车员帮忙。她喜欢喝酒，但每次就只喝半瓶。喝完就拎着剩下的酒回房间睡觉去。平时她几乎不会出车厢，所以你们也碰不到她。

那停车游览的时候呢？我问。因为据我观察，"半瓶酒女士"的精神状态不是特别好，常常有自言自语的情况。而且似乎是因为上了年纪，她的腿脚也并不是很好，似乎有风湿的可能。

列车长从口袋里掏出iPad查了查，惊讶道：奇怪了，她这次报的线路还多了些呢。往年她除了有限的几个地方之外几乎是从不下车的。今年怎么连赞比亚的瀑布线路都报了？

"非洲之傲"历次的行程里其实都有几个地方是必去的。这种必去的地方不是说强制游览，而是会趁着旅客们下车的机会把火车开去检修或是办理某些过关手续。毕竟横穿了半个非洲，总有些想不到的事情会出现。而人车分离的时候干脆就安排大家下车去玩了，就比如这次行程中的维多利亚瀑布线路和非洲丛林Safari线路。

烟草和酒精的味道，伴随着红木护墙板上反射出的昏黄灯光，极具催眠功效。不知道什么时候我竟低头睡去了。临睡前隐隐约约地听见安娜正在和列车长说：我们好多年前就开始策划这次旅行了，日子过得可真快，没想到这么长时间以后才有机会真的坐上这趟火车……

如果音乐是爱情的食粮，那么请你继续演奏下去。

——威廉·莎士比亚

这次火车上的乘客，多是结伴出游的。单身游客不是没有，但并不多，老安迪是很少见的特例。其余的多半是老两口一起出游，就像彼得和罗丝美。

说实话，我觉得他俩是车上的老夫妻中，个性搭配最好的一对。

安娜漂亮，杜夫精神，他俩的搭配非常好，应该是那种在生活中随时都能玩到一起去的两个人。两个人能有共同的兴趣爱好这点肯定很好，但架不住闹腾啊，估计他俩的闲暇时间完全闲不下来吧。

老杰夫妇则是一个非常典型的富翁与美女的组合。老杰那身材一看就知道肯定是不缺钱，老杰太太别看60多了，打扮起来说是40多也有人信，多年前《纽约时报》的美女记者当家花旦，现在虽然退了，但依旧是风风火火的性格。

车上唯一的一对瑞士夫妇，则是另一个极端。他们都不太爱说话。无论到哪里，老先生总是会握着老太太的手。老太太的听力已经不太好，即使戴着助听器也听不清别人说什么。但她只要一看到你和她讲话，就马上冲你点头微笑。这一路上，除了老太太生日的那一天晚上，在看到列车员忽然关灯推出蛋糕的时候，我听到过老太太发出惊喜的笑声以外，其他时候两人似乎就完全沉浸在彼此的二人世界里。世界对他们来说，似乎只有对方和窗外的风景。

彼得和罗丝美则不同。彼得看起来就很稳重，但这种稳重又不会让人觉得拒人于千里之外。罗丝美则有点儿咋咋呼呼的，像中国古代的三姑六婆，喜欢热闹却又不惹人厌烦。

说起来我和他们的熟识纯属偶然。

这一路走来，遇到的旅伴至少有上百人。这其中有些人谈得来，自然会多聊一些。有些人则只是泛泛之交，相遇时点儿头致意罢了。罗丝美是那种人多的时候咋呼，人少的时候就自得其乐的人。她是奥地利人，而奥地利的官方语言是德语。唉，德语，怎么又是德语？我对于德语除了一句"Danke"（谢谢）之外是既不会听也不会说啊。所以当她和杜夫先生聊得异常开心而我在旁边什么也听不懂的时候，就自然而然心生畏惧。

转机是在离开金伯利后的一个下午。

那天火车要翻过一段山梁。先是吭哧吭哧地爬坡，然后呜呜地冲下去，然后再吭哧吭哧地爬坡……如果速度再加快10倍，就有些云霄飞车的感觉了。

其他人或许都玩得有些疲惫吧，只有我和罗丝美在后面的观景车厢。我呆呆地看着手机，希望能搜到数据信号。罗丝美拿着一本书玩数独游戏，咬着铅笔头正在冥思苦想。我本想找罗丝美聊会儿天，可是一想到她那口德语就干脆地退缩了。

不过罗丝美主动凑了过来找我聊天，却是我没想到的。

实际上现在想来，在他们的感觉中，我应该也是蛮神秘的才对。

首先神秘的就是我的名字。

我们在无比头疼外国人的first name（名）、surname（姓）、middle name（中间名）、given name（教名）和last name（姓）的时候，外国人也在头疼中国人的名字。究竟哪个是名哪个是姓，分清楚这个就够他们喝一壶的，平仄不分的发音就更别提了。所以不止一个人在私底下偷偷告诉我说，他们一上火车第一件事就

148

是去翻房间里的旅客名录，看看里面有没有中国人或日本人。

然后他们就看到了我。

但很遗憾的是，旅客名录上实际上是没有我的名字的。因为一些技术上的原因，我的非洲之行几经周折才定下来。所以在火车公司那边，我的名字一直是"待定"。

这一待定不要紧，最后火车公司方面也忘记和我重新确认。所以在印出来的名录上，我的名字那一栏只写着"Mr."（先生），后面就是空白。

而满车就我这么一个黄皮肤的Mr.……他们自然好奇。只是有人把好奇藏在心里，有人则顶着好奇直接来问我。比如罗丝美。

于是我就说，总之是出于种种原因吧，我的名字没印上，瞧得起就叫声"Lu"（芦），不然叫"John Doe"（无名氏）我也没什么意见，谁叫名录干脆就打错了呢……

那天下午我和罗丝美聊了很久。她告诉我，她的父亲是奥地利一家地方报纸的主编。小国小城，报纸自然不会像我们的报纸有那么多东西。所以父亲总会有空闲带着她和妹妹去后面山上玩。一到夏天，后面山坡就会开满白色的小野花。奥地利学校的假期又多，父亲就会每逢短假就带她俩上山，每逢长假就带她俩出国。所以虽然奥地利讲德语，但她的英语确实说得很不错……

她和我说，她和她先生彼得都很喜欢中国。在来非洲之前，他俩刚刚从西安回来（话说把西安读成"咸"真的好吗），接下来休息一阵子，明年还会来

列车上的服务员

中国，不过目前行程未定。她说"咸"人都夸他俩的中文说得好，那是因为他们在家特地请了一个中国人教他俩普通话（唉，亲爱的罗丝美，我能说你被香蕉人骗了吗）……

她和我说，彼得年轻的时候来过非洲，她却是第一次。彼得当年参加过一个贵价旅行团，专门来非洲狩猎的。结果彼得心慈手软，别说猎鹿猎熊，就连个兔子都不敢打。而她最希望的就是来非洲感受一下那如火的骄阳……

没过多久彼得也出现了。他午觉睡醒，出来发现我俩聊得正欢。很快他就也加入了聊天。他向我请教中国有什么样的景色最值得一去，向我问中国历史古迹风景名胜。我一时脑洞大开：中国的历史古迹不是太少而是太多啊，随随便便说个三天三夜是一点儿问题也没有。最后没办法我只好向他们介绍北京。从西山的红叶说到北海的白塔，从天坛的白露说到故宫的红墙。我说起了成祖靖难，说起了高亮赶水（不问"度娘"我估计北京人知道这个的都不多），说起了红丸案梃击案，说起了蒸羊羔、蒸熊掌、蒸鹿尾、烧花鸭、烧雏鸡、烧子鹅……

那天聊得很开心，回到车厢我恨得只想抽自己两耳光。我是疯了吗？和两个老外说这些东西。再然后扭扭脖子，完了……估计是刚才在窗户边上侧头看白色小野花看多了，被风吹得脖子转不动了。

唉，晚上去找队医看看吧。

欢乐的旅程总是短暂。或者说，欢乐的旅程总会在你觉得它还有很久的时候戛然而止。在我觉得"非洲之傲"的旅程恨不得刚刚开始远未到结束时，火

列车长和我

车已经缓缓地驶入达累斯萨拉姆火车站。

虽然外面忽然飘起了雨丝，但是马上就要平安抵达这趟5000千米旅程的终点站，"非洲之傲"还是在月台上雇请了一批当地歌手和乐队，载歌载舞。列车员们也都拿出最得体的笑容和最整洁的制服，帮助大家把行李送下车。

罗丝美夫妇、老杰夫妇和杜夫夫妇，都和我互留了电子邮件。大家都是洒脱人，扭捏作态不是离别时的风格。分别，是为了将来更长远的路。

哦，果然是更长远的路呢。队医夫妇是在这条路上走过无数次的老手，虽然路上遇到各种各样的事情，但是两人仍然把行程安排得妥帖无比。出了火车站就直奔机场——飞往马达加斯加的飞机再过几小时可就要起飞了。

老杰在美国有自己的培训公司要照顾。他能抽出点儿时间陪老婆来趟非洲已经很不易。休整一两天，他就准备返回东海岸的豪宅了。

杜夫两口子彻底被非洲的列车时刻表搞怕了。两人把原本的机票改签成第二天的，现在正在打电话紧急联系酒店。

倒是彼得和罗丝美最为优哉。他们之前就和我说过好几次，准备在达累斯萨拉姆多住几天，然后再飞去桑给巴尔岛。到了岛上啥也不做，就准备一头扎在海滩上，天天晒太阳。唉，这奥地利得有多云雾缭绕啊，看把老头儿老太太给憋的，不远万里跑到非洲来晒太阳……

列车长是非洲汉子，又见惯了悲欢离合。倒是没搞什么依依惜别之类的把

在达累斯萨拉姆月台上与罗丝美夫妇的合影

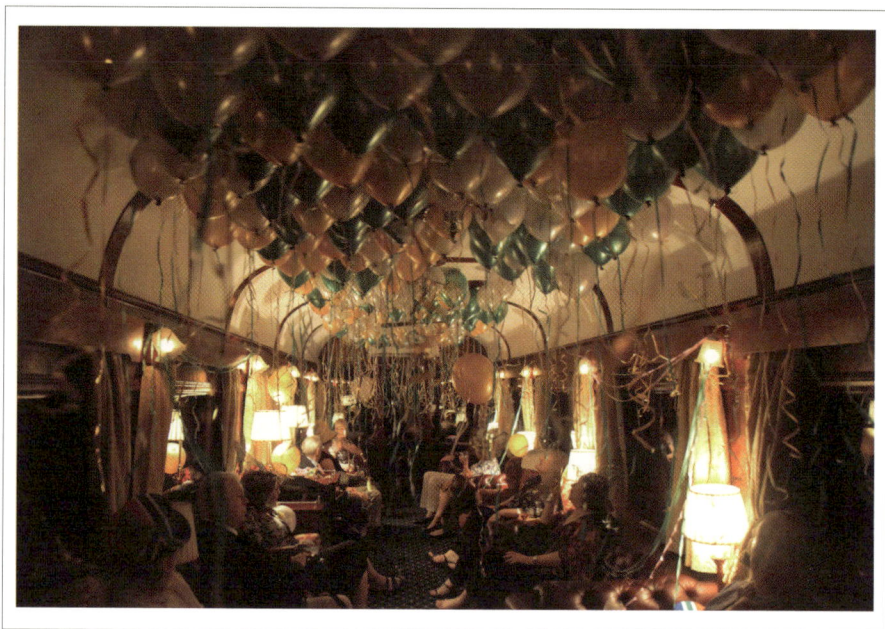

"非洲之傲"上的最后一夜

戏。一次强有力的握手，一个简单的点头致意，浓缩了这10多天以来相互的了解与支持。

在我这一路的照片中，我最满意的就是在月台上和罗丝美夫妇的那张合影。开心，希望，惜别，期待。一切都在不言中吧。

我常常希望，他们一定要原谅我，原谅我给他们每个人都起了绰号而不是记住他们的名字。但有时我会想，名字真的重要吗？蔺相如司马相如，名相如实不相如。我的伙伴朋友们，你们在我脑海中从来都不仅仅是个名号而已。重要的是我们之间那些共同快乐的日子，是在酒吧开怀大笑举杯畅饮的日子，是你们讲故事我静静听的日子，是我们一起在酒吧车厢狂欢的场景，是你们举着刚刚买来的百万元津巴布韦币向我宣布"我们都是百万富翁"的日子。

很想你们。

13
Thirteen

桑岛三站

印度洋的海风似乎总带着丝丝的甜意和暖意，温润的空气懒懒地在这片大海上空徘徊。

和其他海域的风不同。北冰洋的上空，狂风卷积着乌云，在乌云和大海之间，海燕像黑色的闪电，在高傲地飞翔。巨浪就像个狂暴的汉子，怒喝着，咒骂着，似乎要从海底伸出巨手把海面上一切漂浮的东西都掀翻。

大西洋的风狂暴而善变，飓风常常会把海水吸入高空，连通了大海和苍穹，带着遥远天际的寒意，再化为龙卷猛砸到人的头上。

太平洋的风则要凄婉善变很多。尤其在赤道停风带上，风会消失得无影无踪。或者在暴风雨来临的时候，看着天边黑沉沉的云彩，你总以为，下一刻台风就会冲到面前。可实际上，它可能就在你面前画出一条神秘的弧线，转身离开，有时干脆就消失在距你鼻子尖一根发丝远的地方。

印度洋却是不同的。它的海水总是那样暖，似乎海底有什么东西正在均匀加热海水一样。虽有暴风却无寒冷，大多时候总是显得很安静，只是把属于海洋的腥气和湿润柔柔地送到岸上。

所以我坐在出租车上，很快就在这种略带腥气的海风中睡着了。直到司机把我喊醒：先生，看我们的左边，那就是毛泽东体育场。

像我这个岁数的人，其实很难把毛泽东和体育场联系在一起。

按照规定，领导人不得搞个人崇拜，不能用自己的名字来对道路、场馆、公园、广场之类的公众场所进行命名。所以在国内可能除了某些偏远到不知魏晋的地方外，正常的行政管辖地区内不会有这样的体育场。以前即使存在，却也早已湮没在历史的长河里。我出生之后的岁月中，不曾有过。

但是在国外就很难说了，尤其是在桑给巴尔岛这个地方。我曾感叹于它的美丽，也曾感叹于它的宁静。所以当我徜徉在这个小岛凝结的历史中时，真的没有想过自己会听到这样一个充满现代化意味的名字。

黑人司机的嘴一直没停，他说：这里就是毛泽东体育场啦。之所以叫这个名字，是因为这是当年中国人援建的。当然啦，咱们关系好嘛。再说不只是体育场，现在还有好多中国人在这里呢。顺着这条路走下去，有不少小医院，都是中国医生开的。他们的医术可好了，那些小医院可是咱们这里最好的医院了……

这个我知道。当年崔永元那张《宁死不屈》专辑里，就有翻唱的《医疗队员到坦桑》这首歌。"医疗队员到坦桑，兄弟情谊似海洋，白求恩的榜样永不忘，毫不利己日夜忙……"这首歌毫无疑问是中国人写的，绝不是坦桑尼亚人的作品。据说，几十年间中国陆陆续续派了不少医疗队员到坦桑尼亚。这些人中的一部分人后来回国了，但很多人都没有回去，而是在当地娶妻生子、开枝散叶。毕竟这些年来被选派支援坦桑尼亚的中国医生的基本医疗素质都是相当有保证的，再加上当地的医疗水平确实不高，急缺各科医生，所以中国医生的口碑非常好。这也就难怪很多人在医疗队退役之后都选择留在当地。当地的医疗普及程度真的很低。

155

黑人司机聊得很开心。不过开心的时间总是短暂的。路上车子不多，外面的景物飞速掠过。他看看表，很遗憾地对我说：今天不能再带你去逛啦，飞机快起飞了，你得赶紧赶到机场了。不然我们还可以去新城区那边走走，看看你的那些同胞。

是啊，我们正在去机场的路上。飞机三点多起飞，小伙子两点才到酒店接我。我催了他多次，他总是说，你放心，肯定不会晚。好在桑给巴尔岛并不大，岛上也很少堵车，不然我还真不知道该如何同那些超喜欢说"HAKUNA MATATA"（别着急，别着慌）的坦桑尼亚机场工作人员交涉，以便我能尽快登机。

> 统治者过多全无益处。 一国应当只有一位统治
> 者，一位君王。
>
> ——希罗多德

来桑给巴尔岛纯属偶然。

在设计行程时，原本计划的是"非洲之傲"一到达累斯萨拉姆，我就直接飞往下一个地方。不过，金晓旭先生几次三番地建议我万万不要如此设计。他说，尽管"非洲之傲"会尽量保证准时准点，但是在非洲很难说会发生什么事。万一晚点一两个小时还好，真延误一两天也不是没可能，真要是这样把时间卡得死死的，那就是把自己置身于完全没后路的境地了。

我对此深以为然，于是就问他的建议。

他说，那就去桑给巴尔岛吧。两天行程，时间不长。万一火车晚点了也算有个缓冲，要是正点到那就刚好去玩玩。

我问：那地方怎么样？

他说：挺不错的，亚洲客人不认，但是欧美游客都喜欢去那边玩。

我并不赞同他这种"欧美游客去的就一定好"的想法。在网上查了查，也没找到什么有意思的东西，只是说很多欧美人喜欢来这里晒太阳。

阳光海滩嘛，我对这里定了性。

所幸，火车准点到了，我的桑给巴尔岛之行按计划进行。

156　在火车上罗丝美就一直和我说，他们老两口下了车就准备去桑给巴尔岛，啥也不干就闷在海滩上晒一周的太阳。我知道北欧的人酷爱晒太阳，因为他们居住的地方纬度太高日照很少，干脆还有半年极夜，所以他们一到夏天就集体拥向南欧。阳光也是美丽风景的一部分，不爽不要玩。

不过如果我没记错的话，罗丝美一家是奥地利人吧，奥地利也算北欧吗？

我盛情邀请罗丝美两口子和我一起去桑给巴尔岛。说实话，我对坦桑尼亚两眼一抹黑，想到要独挑大梁去桑给巴尔岛，就格外希望得到老江湖们的协助。不过罗丝美的行程是准备先在达累斯萨拉姆游玩一周然后再去桑给巴尔岛，无可奈何，我只得自己准备去桑给巴尔岛的旅程。

从达累斯萨拉姆到桑给巴尔岛，可以坐船也可以坐飞机。船几乎是只为当地人所准备，外地人既难买到票，也不太会拎着大包小包去挤渡轮。在达累斯萨拉姆转悠的时候我曾经去码头看了下，差不多一小时一班渡轮，码头脏且破，的确不适合外来游客。

机场看起来虽然略显陈旧，但毕竟是现代化设施，至少秩序方面好很多。国际登机口豪华些，国内候机厅则有点儿像北京站，同样也有人叫卖矿泉水——我自动"脑补"了火腿肠和方便面进去，觉得特别亲切。

执行飞行任务的航空公司有很多，价格差异很大。像埃塞俄比亚航空那样的大航空公司价格不菲，不过多是在此处转机，顺路载客。小航空公司则多如牛毛，机票价格便宜很多，但飞机基本上以小飞机为主。我乘坐的桑给巴尔航空，里面的空间就像国内的小巴车，每排"1+2"个座位，中间是走道。头顶的行李架自然是没有的，大家的随身行李都随手甩到机舱最后面，至于大件行李，就只能扔到行李舱里去。

这样的飞机在小航空公司中已经算是中等偏上的了。停机坪上还有一些仅能搭乘五六个人的小飞机，真不知道什么人会买这样的航空公司的机票。

机票便宜，自然在其他方面会略有欠缺。摆渡车或者卫星厅就不要奢望了，托运行李车也基本属于传说中的事情。大家先要急匆匆地赶去航空公司的小办公室换登机牌顺便将行李过秤，然后再拖着箱子穿过停机坪走到飞机旁。至于机票超售则是一定的，全凭换登机牌的顺序来决定是否能坐上飞机。不像那些大航空公司对待超售顾客还会给予一定的补偿，这里的规矩就是先到先得。一共4排座位，加上副驾驶，总计能载13名乘客。真碰上那种撒泼打滚死活赖在飞机上不下去的乘客，航空公司也绝不会投鼠忌器，该如何就如何，态度强硬得很。

还别说，这样的人真的存在。我坐的这架小飞机上就有这样一名女乘客。虽然登机牌换得晚，但就是稳如泰山地坐在椅子上不起来，最后还是被机场保安硬拽下去的。

这段小插曲过后，飞机慢慢滑入跑道。起飞后，很快就转入平飞，目测飞行高度也就是1000米左右。从这个高度上，可以看到碧蓝的印度洋上金黄色的沙岛，非常漂亮。

当然，这也更加坚定了我关于桑给巴尔岛只有阳光和沙滩的猜想。

飞机飞得不算平稳。一方面由于遇到气流颠簸，另一方面则是驾驶员旁边挤上来一个妙龄妹子（话说乘客直接坐进驾驶舱真的好吗），飞行员小伙子精神抖擞、容光焕发，生生把民航机开出了战斗机的感觉，仅仅十几分钟就飞完了全程。很快跑道就出现在了脚下。

某种程度上，这些海洋岛屿的机场都很相似：一条被暴晒的机场跑道，一些植物，还有几个闲散无比的工作人员。无论是加勒比地区还是桑给巴尔岛，都是如此。玩过模拟游戏的人都知道，要想在海岛上发展旅游业，建码头的话又有污染又麻烦，有钱没钱都得弄条机场跑道出来，新时代飞机才是王道，无论大小。

取行李的过程略显烦琐，甚至还需要填写申报单。虽然并没有海关审核，但看起来很像接待国际游客，尽管我只是从一海之隔的达累斯萨拉姆过来。桑给巴尔岛的地位相对特殊，它和坦桑尼亚的联系比较薄弱。桑给巴尔岛有自己的政府和议会，甚至有民选总统。而且这些年来越来越呈现出一种要脱离非洲的趋势。有传闻说，这是因为桑给巴尔岛从坦桑尼亚得到的经济援助越来越少，两岸的联系因此变得越来越松散。加上桑给巴尔岛历史上阿拉伯世界的痕迹特别重，所以很多人都觉得，也许再过不了多久，桑给巴尔岛真的会脱离非洲的地缘轨迹，整个并入阿拉伯社会里去。

当然了，这种独立现在并未作为一个提案正式出现，还只是一种思想上的趋势。不过这种趋势真有可能成为现实，毕竟在历史上，桑给巴尔岛并不天然就是坦桑尼亚的一部分。

所谓坦桑尼亚，其实指的是坦噶尼喀和桑给巴尔的联合体。正如大卫杜夫夫妇所言，坦桑尼亚过去是德属殖民地，这里的坦桑尼亚指的是坦噶尼喀。而桑，就是指的桑给巴尔。过去桑给巴尔一度是独立的，后来成为英国的保护国，1963年宣告独立，成为君主立宪制国家，保留苏丹王。

按照社会发展理论，君主立宪制在人类社会制度发展过程中自然是比较原始的一种状态。所以短短几个月以后，桑给巴尔君主立宪制就被推翻了，成立了桑给巴尔人民共和国。再然后桑给巴尔马上并入坦噶尼喀，两者合称为"坦桑"。

所以说空穴来风未必无因。历史上桑给巴尔一直是阿拉伯文化圈的一部分，先天就和非洲的经济体系格格不入。这些年来，来自社会主义阵营的经济援助越来越少，加上伊斯兰世界复兴，所以才有了桑给巴尔的独立思潮运动。

要不说，读万卷书不如行万里路。如果在历史课本上，这将是多么枯燥乏味的一段话啊。涉及了历史沿革，又有政治运动，还有近年来的社会经济发展……这么多东西，怎么也得背个万八千字吧。真要拓展开，政治、经济、文化、宗教，其中还夹杂着冷战和阴谋论……林林总总写本书都毫无问题。当真到了岛上，一张小小的海关申报单，就把这些知识都浓缩在其中了。

我的落脚之处是赛琳娜宾馆——当地一家久负盛名的老牌宾馆。宾馆位置很好，在桑给巴尔老城的最边上——东侧靠城，西侧则是广阔的印度洋。夕阳西下时，渔船归港，海滩上的景色让人沉醉。而且海风清爽，一扫城中的闷热，让人忍不住饭都会多吃两碗。

说到吃饭，又一例关于桑给巴尔历史独立性的证据出现了：达累斯萨拉姆的饮食比较符合非洲传统风格，而桑给巴尔的餐饮则变成了典型的伊斯兰风格。这是因为在岛上至少有九成的穆斯林。而赛琳娜宾馆更是典型的穆斯林宾馆。毕竟历史上的桑给巴尔一直是归属于阿拉伯世界的。

晚饭后我和导游商量接下来的行程。我问：桑给巴尔岛最出名的是什么？

他说：那就是这三个了。第一个是石头城，第二个是奴隶市场，第三个是香料农场。

有历史感吗？我问。

他笑了，说：放心，都特别历史。桑给巴尔岛别的没有啥，就是有历史。

所以，第一站去石头城。

实现明天理想的唯一障碍是今天的疑虑。

——罗斯福

所谓石头城，就是桑给巴尔老城区的别称。桑给巴尔包含了两个大岛和许许多多的小岛，其中主岛往往被直接称为桑给巴尔岛。岛上有桑给巴尔市，其老城区则因颜色和建筑材质而被称为石头城。

自从被评为世界文化遗产之后，石头城大热，很多游人都会选择来此游

晚归的桑给巴尔岛渔船

览。所以在城里常常会看到各种各样背着大包小包的白人——黄种人不多，可能单纯因为不买账，也可能是因为东南亚有蛮多小岛，所以来这儿进行海岛游对亚洲游客吸引力不大。

游览石头城需要点儿体力。老城区无法通行车辆，很多地方都需要用走的。弯曲而斑驳的石板路，老旧又低矮的民房，偶尔在窗户里探出头来的小孩子，有几分似江南水乡。在建筑设计上，中国人讲"门当户对"，是因为中国古代对于"门"和"户"都有特殊的规制要求，而桑给巴尔岛也如此。走在街上，会发现路旁的民居大门上常常雕刻着许多图案。这些图案都有其各自的含义：经商的，贩奴的，在商会里做会长的，等等。读懂这些标志，一部桑给巴尔岛的发展史也就烙印在脑海中了。

石头城，顾名思义是由石头所建。但其实并不尽然，石头是其中一种材料，但一个海岛能有多少石头？走贸易的话运送石头未免又太不划算。作为海岛城市，石头城的主要建材其实来自大海。

众所周知，珊瑚其实是由珊瑚虫的尸体堆叠而成。当珊瑚虫和其他一些海洋生物寄生在石头上的时候，就会形成一种特殊的礁石，这种礁石构建了石头城的主体部分。它的硬度很高，历风雨而不朽，所以被用来盖成了房子。最重要的是，它色呈灰白，看起来很像石块，石头城因此而得名。

160

于石头城拍摄的民间艺术画

石头城一户人家的小孩

环岛公交车

162

　　一个城区总会不断扩大，石头城也不例外。但钢筋水泥修出来的房子，看着和老房子格格不入。即使风格仿得再像，建材的不同也足以让这种差距大到让人无法忍受。加上老城区本身又具有重要的历史价值，所以政府干脆决定在岛内另修一个城区，大量的人口、机构和公共设施都迁入新城区，老城区依旧保留原貌。

　　想在老城区修房子？可以。烦琐的手续会让人头痛欲裂。除此之外，所有的新建筑物必须和原有建筑物在风格和材质上保持完全一致。这是铁律。当然，再烦琐的手续也有审批下来的可能性。珊瑚虽然被列为保护动物，但那种特殊礁石也并不是完全就不再出产。在岛的西北角现在正在修建一家大

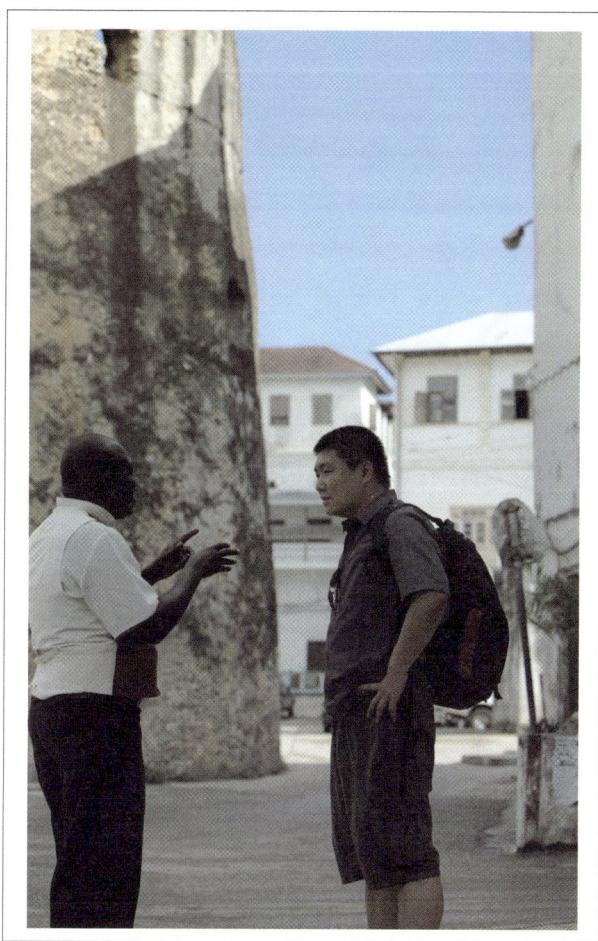
和当地导游商讨石头城的行程

型宾馆，据说建成后将替代赛琳娜的霸主地位，这幢建筑物就是用和过去完全相同的材料建成的。

　　既然是老城区，里面自然历史遗迹众多。大致来说，有点儿类似于浓缩了的北京大栅栏——有商业区，有住宅区，有秦楼楚馆，也有政府机构。这里的政府机构指的是老的总督府，自带炮台的那种。新的政府大楼自然是在新城区。

　　商业区的繁华，正如所有的旅游区一样，以售卖各类纪念品为主。非洲人手巧，尽管桑给巴尔人一心想独立，却也不能否认这点。各种手工艺品琳琅满目，价格比达累斯萨拉姆贵出不少。

　　这点也很正常。达累斯萨拉姆的基本消费水平有点儿类似于20世纪80年代

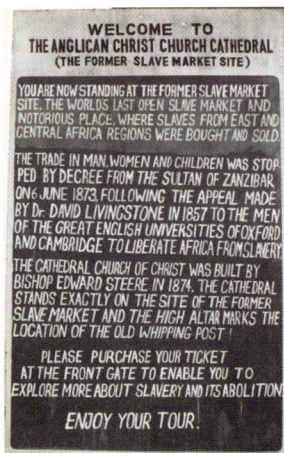

商业区内出售的一种赌具　　　　　奴隶市场的铭牌

初的中国。乱糟糟的自由市场，街旁有各式小摊贩。偶尔还会见到卖香烟的，有点儿像旧上海的香烟摊贩，脖子上挂着一个小箱子，箱子里是各式香烟。香烟多是拆散了论支卖的——整包的太贵，买的人少。

尽管坦桑石名气很大，坦桑尼亚又有大量宝石交易，但从经济发展上看，"坦"比"桑"差的真不是一点儿半点儿。马克思说，有了100%的利润，资本就敢于践踏人间一切法律，有了300%的利润，资本就敢于冒上绞刑架的危险。宝石的贸易如果说有100%的利润，那贩奴的利润则不止300%。

而桑给巴尔岛，正是这样一个奴隶贩运的中转站。当年留下的奴隶市场，现在已经是热门的游览景点。

于是第二站，奴隶市场。

164

> 任何自由人，未经其他自由人之依法判决，皆不
> 得被逮捕、监禁，或加以任何其他损害。
>
> ——英国大宪章

谈到非洲，贩奴自然是绕不过去的话题。这一路走来，看到了不少和奴隶相关的东西。在开普敦有马来区和奴隶工舍。奴隶贩子从各地拥来（主要是东非和东南亚），住在奴隶工舍，以此地为中转站发卖奴隶，并为当时的非洲殖民地建设提供奴隶。奴隶的来源多种多样，不过多是掠夺而来。这些奴隶出卖自身，换来微薄的薪资。马来区正是这种情况下的产物。

不过开普敦的确有些远了。很多从中东和亚洲贩卖而来的奴隶，或者想从非洲买些奴隶运到亚洲去的商人，可没时间跑到遥远的南非去贩奴。而桑给巴尔奴隶中转站就在这种情况下应运而生，担负起整个东非奴隶交易集散地的重担。

当时奴隶交易有几大集散地：西非、东非和南非。捕奴贩子往往从中非入手（所以说利文斯通众叛亲离之际，却得到了很多奴隶贩子的支持），依靠当地部落的配合，大量捕猎土人并将他们运到口岸装船卖掉。当时西非的奴隶主要卖向欧洲和美洲的种植园。东非则集散中东、中非、东非和东南亚的奴隶。至于南非，这两边的生意都做，同时还供给本地建设用的奴隶。

教科书上往往只谈西非的奴隶贸易，这是有原因的。一方面是告诉大家，别看美帝国主义现在繁荣，早年间发家史就是一部黑档案；另一方面也是因为，当时确实也有不少奴隶被卖到了东亚。宋朝就和桑给巴尔有过经济往来，其实也没少买奴隶。这些肤色黝黑的昆仑奴，很多时候都是各国政要摆谱用的抢手货。

话题扯远了。昆仑奴从哪儿来？最早自然是从遥远的西域通过陆路运输而来——这也是"昆仑"二字的起因，但后来就基本上都是从桑给巴尔转运出来的了。当时非洲各个部落之间战乱不断，酋长们也没有什么大局观，自是见钱眼开，恨不得把所有敌对部落的人全抓了卖掉换钱。这些奴隶通常是通过水路，运到达累斯萨拉姆，然后再运到桑给巴尔岛集散。

现在的奴隶市场旧址里，有一座雕像。几个非洲黑人，有男有女，有老有少，脖子上拴着铁链，面无表情地站在一个大坑里。雕像自然是后修的，但铁

链据说是原装货，至少也是高仿。

参观奴隶市场，也包括参观当年奴隶们的囚室。说是囚室，其实只是等待发卖之前安置奴隶的"库房"而已。现在允许参观的库房有两个，一大一小。据说每个仓房里都会存着几十甚至上百个奴隶。生意好的时候，可能当天就会被运走。生意不好的时候就说不准会在里面待多久了。库房不小，但装的人更多。平均下来每个人的人均面积也就只有一个屁股大——所以库房修得很矮，只能容人在里面坐着，绝对站不起来。

参观的人群自然不可能在库房里爬来爬去。大家循着地上一条半人高的石头甬道前进，站在里面个子高的人要稍稍低下头，不然会撞到上面。这条路当年是做什么用的呢？其实这是给奴隶便溺用的。

因为有奴隶贸易，而且这种奴隶贸易还和神权勾结在一起，披上了神圣的外衣，所以桑给巴尔的经济比坦噶尼喀要好很多。再加上桑给巴尔还有另一个拳头产品，这就造成了在经济上桑给巴尔有足够的理由挺直腰板傲视群侪。

所以，第三站，香料农场。

物品的价值就是买者愿支付的价格。

——帕布利乌斯·塞鲁斯

除了防止被围困的战略要塞，没有城市会把农业区修在城里。桑给巴尔岛也不例外。出了石头城沿着环岛公路一直走，没多久就到了香料农场。

似乎是因为特殊的气候和地理原因，地球上总有些地方是特产香料的。而香料这种东西在某些时候价比黄金。所以在历史上能出口香料，就意味着拥有财富，比如说印度。至于说幼儿持金过闹市，引起的侵略战争就暂且不在讨论之列了。

现在这些"黄金"还未成熟，依旧是停留在树上的状态。香味会有，但不浓。农场的导游是个小伙子。一走进农场，他就从旁边的棕榈树上摘下一片叶子，卷成个杯子交到我手上。

此后我们每走过一种香料，无论它是树上长的还是地上趴的，他都会摘点儿下来，捻碎成汁给我闻，或是干脆就摘下一些小颗粒的果实，放到我的叶子杯里面。

很快杯子就八九分满了。这时他又从旁边的树上摘下一种韧性很强的大叶子，手指纷飞之间，叶子变成了一个小小的竹篓。把杯子里的各类香料果实倒进去，再一封口就是纯天然的香包。

说来可怜，偌大的香料农场，我能认出来的香料仅有一种。这种香料是什么呢？

"我外表是黑色的皱皮，但内心却在火热燃烧。

我能调出美味，是餐桌之王。

香肠和嫩肉都少不了我，

但除非你仔细琢磨我的内在，

否则无法发现我的价值。"

没错，7世纪时舍伯恩主教出的这个谜语，谜底就是胡椒。而这也是整个香料农场中我唯一熟知的植物。

因为熟知，于是我就很装内行地问导游：嗯，胡椒我认识。话说你们这里的是白胡椒还是黑胡椒？

之所以这样问，是我之前记得在海南最常买到的是白胡椒，因此有了"海南特产白胡椒"这个概念。

谁知小伙子听了以后哈哈大笑，笑到最后才和我说：没有什么黑胡椒或白胡椒，它俩其实是同一种东西，只是制作手段不同，所以一个是黑的一个是白的而已。

胡椒浆果生长于藤上。如果在它还没最终成熟之前就把它摘下来，热水煮后拿去烘干，干燥了以后得到的就是黑胡椒。

但如果等到胡椒浆果完全成熟之后，沤烂皮肉后，最终得到的就是白胡椒。

所以看到了吧？两者最大的区别就是，一种外表有残留的果肉，另一种则没有。有果肉的是黑胡椒，炖煮肉类时最常用。而白胡椒，做汤或是土豆泥之类浅色食物的时候用得上。

这两种胡椒几乎占据了世界胡椒市场的90%。但除此之外，还有两种很奇怪的胡椒。

同样是不成熟的胡椒浆果，煮过之后不是去烘干而是去冻干的话，就可以把胡椒的绿色保存下来，形成绿胡椒。

而成熟以后的胡椒浆果，如果不是放在冷水里沤掉皮肉，而是在食盐水和醋里腌制的话，最终就会变成红胡椒。

不过世人最为熟知的当然还是黑白两种胡椒。红绿胡椒的应用实在是太少了。

未经处理的胡椒浆果有没有？也有。不过西方很少有人这样用。胡椒对生长的环境要求很苛刻，所以世界上最大的胡椒出产地是在印度。而新鲜未处理的胡椒浆果保质期很短，会飞快地坏掉，所以只有在原产地附近的人才会有用新鲜胡椒浆果做菜的习惯。

这也就是为什么泰餐会有一种独特风味的原因：那里面用大量的新鲜胡椒浆果作为作料。除此之外，越南人也有这种习惯。

香包里有胡椒浆果。小导游很贴心，发现我最熟悉胡椒，所以特意放了很多在里面。然而当我回国以后，发现熟透了的浆果已经腐败，非常遗憾。

这次回来有朋友和我说：你去过的地方多，推荐我个旅游目的地吧。

我很认真地问：你想去什么地方？

她想了想，说：我喜欢大海，所以要去海岛。你说，我是去马尔代夫呢，还是去巴厘岛呢？

我正色对她说：去桑给巴尔吧。那里真的不错，要吃有吃，要喝有喝，要历史有历史，要阳光有阳光。不管它归于非洲还是阿拉伯世界，都值得一去。最重要的是，你是个中国人。去看看那个父辈曾经战斗过、生活过的地方，不是很有意思吗？

胡椒浆果

14
Fourteen

君非桀纣

对那个皇帝吃红糖还是吃白糖的故事，相信大家都已经很熟悉了。

两个农夫在地里劳作，闲聊时说起皇帝的生活。一个人说，皇帝肯定天天吃糖。另一个则说，你真没见识，皇帝的炕头摆着两个罐子，一个装白糖一个装红糖。皇帝想吃红糖就吃红糖，想吃白糖就吃白糖。

虽然这个故事有着无数变体，例如皇帝用金锄头干活，皇帝有吃不完的白面馍馍等，但其核心都围绕着一个中心：皇帝的日子悠闲得很——其美妙程度取决于农夫所能想象的美好与幸福的最顶端。

皇帝究竟有没有金锄头和金饭碗，他的枕边是不是真有两个罐子？这个答案足够很多学者去考证一番了。不过我关心的却是：不在其位，不谋其政。

如果你不能站在那个位置上，那你就永远也不知道那个地方究竟有什么样的风景。

所以一切对皇帝生活的揣测都是愚蠢且毫无意义的。当我们企图用普通人的眼光和立场去理解皇帝时，无论得出什么结果都在先天立场上就存在谬误。不是皇帝，我们就不可能知道那个位置要面对什么样的选择和诱惑，也不知道会承受什么样的压力与苦恼。因此我们只能以一个普通人的角度感叹一下，呀呀呀，某某皇帝不好哦，都不关心民生，还毫无远见鼠目寸光。你看你看，这么简单的事，他怎么都看不明白呢……

这无关谁对谁错，只是说屁股决定脑袋。没坐在那张椅子上，就不会知道椅子上的人究竟会怎样想事情。

据说，在8086的年代（Intel 8086是由英特尔公司于1978年设计的16位微处理器芯片），德国曾经出过一个游戏，名字叫《世界》。游戏的主旨是扮演一个现代国家的总统。你要面临国内外各种各样层出不穷的挑战，处理好国计民生的同时还要抵抗外侮。但无论你怎样玩，游戏最后都会以国家的毁灭而结束。游戏公司在设计游戏的时候，就从来没有考虑过Happy Ending（好的结局）。

虽然听来这款架构庞大的游戏远非当年的8086可以完成，而且设计风格也和德国人那种严谨的工业思维格格不入，但不得不说，这游戏的立意，甚好。

丰衣足食日，饥欲起涟漪。

——祖鲁族谚语

无论如何，社会总在进步。如果不遇到什么突如其来的天灾人祸，百业凋零、民不聊生、赤地万里、易子而食……这样的事情并不是历史常态。尤其是对历史传统悠久的古国来说，除非遇到气候等自然条件的剧烈改变或是强敌入侵灭绝宗庙这样的可悲事，单纯因为食物短缺而导致国家灭亡实属罕见。这也就是我为什么对埃塞俄比亚印象深刻的原因。

可能是出于宣传需要吧，现在关于埃塞俄比亚的负面消息似乎不多见了。但在十几二十年前，关于埃塞俄比亚的黑照片常见诸国际社会。通常都是一个骨瘦如柴的黑人小孩，因饥饿而导致其第二性征完全不发育，所以分不清男女，只能看到一双眼睛，在皮包骨头的头颅上显得格外大，用一种看着食物的贪婪目光盯着镜头。此外就是联合国常常发出的向埃塞俄比亚捐助粮食的号召。一时间，埃塞俄比亚难民就成了饥饿和贫穷的代言人。"饥饿，我为自己带盐。"只可惜，那失去弹性的黑色肌肤下，流露出来的只是近在咫尺的死亡气息。

后来这件事情渐渐少被提起了。倒不是说粮食问题真得到了极大改善，只是这总是个丢人事，世界各国多多少少也要相互留些脸面。但实际情况呢？虽有改善，却并未彻底解决。明证就是，现在联合国每年仍然会悄无声息地向埃塞俄比亚提供大量的粮食援助。

但这是不对的。

倒不是说不应该提供粮食援助。人溺己溺叔援之以手的道理，还是确实应该讲的。只是像埃塞俄比亚这样一个文明古国，怎么就变成了现在这种样子？

或许有人会说，我就知道四大文明古国。这个埃塞啥啥的，听都没听过啊。

历史上的埃塞俄比亚，也曾经雄极一时啊……南征北讨，打下了赫赫威名。不说别的，就说约柜，这件圣物据说就藏在埃塞俄比亚的神庙里。当然，肯定不会有人傻得跳出来承认这件事。可能是因为不怕贼偷就怕贼惦记吧，也可能只是一个越抹越黑的美丽误会。只是随着时间长河的流淌，和红灯照的大师兄一样，示巴女王当年的赫赫威名与埃塞俄比亚曾经的文治武功，都敌不过现代文明的洋枪洋炮。

贡达尔的皇帝浴室遗迹

埃塞俄比亚人很骄傲地自称：我们是非洲唯一从未被殖民过的国家。的确，在殖民浪潮席卷整个世界的时候，埃塞俄比亚始终保持着独立。在亚的斯亚贝巴的国家博物馆里，我看到了当年皇帝抗击侵略的战利品展示。殖民者丢盔弃甲的证据历历在目。这在非洲五十国中实属难得，不过却也正常。埃塞俄比亚地处高原，易守难攻，本身又不靠海，没有出海口，殖民者也就难以快速得到补给。加上埃塞俄比亚无论是在政治、军事，还是宗教方面，都曾经强横一时，国内不说是遍地工事，但至少在战略要地也修建了不少堡垒。未曾沦陷也就不足为奇了。

殖民者碰了一鼻子灰，灰溜溜地去捏旁边那些没有统一政权的软柿子了。埃塞俄比亚的皇帝享受到了胜利果实的甜美，继续进行他独立自主的君主制统治……事情本该如此，就像王子和公主从此过上了美好生活一样。但很可惜，王子和公主一定会拌嘴吵架，然后王子开了后宫，公主变成水桶腰，好日子从来没有一劳永逸的道理。

想想也是。一个高原国家，没有对外交流，没有科技发展。神权和王权的力量紧紧地锁住了这个国家的命脉。在冷兵器时代，高原反应足以让那些从平原来犯的敌人人仰马翻。但如果屠杀演变为只需要手指轻轻一扣扳机，这道大自然赠予的防线就失去了它的作用。

这也就是为什么意大利两次入侵埃塞俄比亚的缘故。现代火器不是喊着刀枪不入的肉体可以抵挡的。波兰骑兵徒劳地用马刀砍着德国人的坦克，然后倒在机枪枪口之下，是时代的进步，也是时代的悲哀。

> 凡流人血者，他的血也必被人所流。
>
> ——《旧约·创世记》

说到近代的埃塞俄比亚，海尔·塞拉西是避不开的。他被誉为"雄狮"，带领着埃塞俄比亚人民走进现代；他曾经抵抗意大利人的入侵，甚至不惜流亡也不做傀儡；他曾经是毛主席的座上宾，当时他的车队奔驰在长安街上，街旁是摇着花朵欢迎的人群；但他麾下的"埃塞俄比亚营"，却也是上甘岭战役中联合国军的主要成员。他一手把埃塞俄比亚带出了贫穷愚昧的状态，却又亲手把它推入饥馑当中；他的死因是个谜，他的坟墓是个谜，甚至他的继任者，也是个谜……

根据史料记载，海尔·塞拉西出身望族，因为在之前的政变中有拥立之功，所以被立为皇储和摄政王，进而继位。按照中国的古话，就是"名正言顺"，大义在手。

中央集权的封建统治有个很好的地方，就是它可以让老百姓脑海里存有一个"反佞臣不反天子"的想法，而这个想法的前提就是皇帝的皇位要来得正。就像宋江安抚众家兄弟时所说，"圣天子圣聪圣明"，就是说老赵家的天下脉络清楚，虽有烛影斧声，却总算肉还是烂在了锅里，未曾便宜外人。海尔·塞拉西也是如此，因此他的统治基础应该说还是很稳固的。

所以无论海尔·塞拉西在国内做点儿什么，都未曾遇到过特别大的阻力。不管是加入国联，还是抵抗意大利，甚至颁布严苛的法律，他都很有群众基础。据说他在意大利人入侵的时候，身先士卒，拎着手榴弹冲阵，引发了全民的抵抗浪潮。甚至在流亡期间，国内的游击队也因为他的鼓舞而始终十分活跃。

不管是出于什么原因，或许是国内的反抗势力此起彼伏，或许是英美的牵制和打击，又或是自身一贯的糟糕战斗表现，意大利对埃塞俄比亚的吞并失败了。光复了全国的海尔·塞拉西成了中兴之主，被称为"伟大的皇帝"和"埃塞俄比亚之父"。

战后海尔·塞拉西尽力发展经济，因此国策上不可避免地靠近英美。朝鲜战争时他派了"埃塞俄比亚营"参与战争，这支队伍一直没被派上战场，直到上甘岭战役。

上甘岭战役我们是和美国人打的吗？不是。当时美国飞机的确参战了，但地面上的敌人部队主要就是"埃塞俄比亚营"和韩国军队的一个团。战役的结果是"埃塞俄比亚营"损失惨重，减员50%，不得不回国休养。

此后，按照官方说法，海尔·塞拉西深刻地认识到，中国和埃塞俄比亚同为世界上数一数二的大国，在历史上就有着深厚的友谊，完全没必要因为美国人的挑拨就互相厮杀，让外人渔翁得利。于是从此双方就应该和睦友好，共创美好的未来。

但实际上呢？"美好的未来"一说自然不那么靠谱。虽然海尔·塞拉西与中国的关系很好，他多次来访中国，天安门阅兵也是看过的，但这个皇帝最终的结局，是被国内反叛的军官软禁，一年后"被病死"。

这个"祇辱于奴隶人之手"的君主，最终的死因是个谜。反叛后上台的军政府宣称他是病死的。但有很多人言之凿凿，说海尔·塞拉西最终是被叛军首领用枕头给闷死的，死不瞑目。至于他死后的尸首，据说是被在皇宫围墙外刨坑埋了，然后在上面盖了个厕所。直到叛军政府再次被推翻，皇帝的尸骨才得以重见天日，并被厚葬于大教堂。

中国1970年同埃塞俄比亚建交，两国交好也是在20世纪60年代的事情。在之前的10多年里，都发生了什么？

这就是历史上的谜团了，我们能看到的资料，少得可怜。

这些资料分两种：

第一种，海尔·塞拉西如何的穷奢极欲。他如何从法令上继续加强皇权世袭，然后如何把金矿收归自家，如何把皇家支出调成农业投入的四倍……诸如此类的一系列法令，都是为了从制度上巩固他的统治。

第二种是说他俨然就是窝里横，只知道和国内的百姓耍威风，对外全盘丧权辱国，把国家的利益一锅端地卖给了欧美的大资本家。不单卖了资源，甚至还卖了收益。他允许资本家把赚的钱带出国，所以埃塞俄比亚才越来越穷，以致最后不得不以暴乱收场。

第一种资料的奇怪之处在于，在之前的若干世纪里似乎全世界的皇帝都这样干。皇庄和矿监并不是中国独有的。除了那些君主立宪制的国家，几乎所有的皇帝都以集中皇权为己任。海尔·塞拉西的所作所为也没什么稀奇。不服的话，自有人揭竿而起取而代之，然后新的皇帝就会大摇大摆地坐上宝座，历史的车轮再继续向前，走入新的一个轮回。

第二种资料就更为有趣。现代社会的经济学思维已经否决了过去那种"蛋糕就这么大，你多吃一口我就少吃一口"的想法，转而把精力放在如何双赢并共同把蛋糕做大上。国外资本掠夺式的开发，并不是开放资金出境的直接结果。

但是真相在哪儿呢？海尔·塞拉西之后，叛军政府再一次垮台，现在的政府已然是第三茬了。在齐太史简，在晋董狐笔。在埃塞俄比亚呢？我不觉得他们有后朝为前朝修史的习惯。

照片是关于秘密的秘密。它揭示的越多，你知道的就越少。

——黛安·阿勃丝

从青尼罗河瀑布返回亚的斯亚贝巴市区的路很颠簸。日本淘汰的二手丰田小面包，在当地已经算是极好的好车了，却依然禁不住石子路的折腾。即使速度很慢，悬挂系统仍发出濒临散架的呻吟。经过一条小河时，河边是堆积如山的垃圾，秃鹰蹲在河边的枝丫上，呆呆地看着垃圾山。山上野狗群在扒拉着垃圾，希图从中翻出些许食物。河水泛着黑色的浪花，弥漫着恶臭，从桥下滑过。

万物来自大地，终又回归到大地。腐烂，风化，变为尘土。

其实我不该对垃圾山有什么情绪的。40年前这里想必山清水秀，所有的垃圾应该都不存在，因为那时的人们会吃掉能看见的一切东西。

40年前的那场饥荒，最直接的后果就是埃塞俄比亚皇权统治的终结。

据说当时埃塞俄比亚国内民怨沸腾。缺粮的危机从农村向城市蔓延。和中国一样，农民们没有了粮食，自然想着去城里或外地逃荒。

但没人种地了，城里的粮食也不会变成天上掉下来的馅饼。多米诺骨牌只要第一枚倒塌以后，整体的坍塌就不可避免。流民自古以来就是统治不安定的重要因素。

176

细翻翻，关于这段时间埃塞俄比亚统治如何凄惨的文章比比皆是，多是西方作家所写。这些作品很受读者，尤其是西方读者的欢迎。在他们看来，凡是宣扬埃塞俄比亚府库充盈的文章，多半背后有什么内幕交易——或是御用文人的拍马，抑或是"拿了苏联人卢布"的结果。倒是那些一针见血的，敢于把社会最黑暗一面暴露出来的，尽管可能太过偏激，在他们看来也定然是不畏权贵、"威武不能屈，富贵不能淫"的好汉所为。所以那段时间有很多"独立作家"的作品问世，纷纷揭露当时埃塞俄比亚社会的动荡不安。我就不赘述了，有兴趣的自行上网查阅，只是其可信度究竟有多高？万不可人云亦云。

当时海尔·塞拉西有没有对国际社会封锁消息？这个确实有。尽管已经饿殍满地，但当国际社会准备提供援助的时候，海尔·塞拉西仍然咬紧牙关拒绝了。

他有没有关闭学校和市场？这个也是有的。有点儿类似于戒严令，当时的城市里的确开始了军事管制。尤其是在学生们游行于街市，大喊着"吊死皇帝"的时候。

他有没有在农民吃不饱饭的时候，拿生肉喂狮子？这个还是有的，照片为证。

这些条揉在一起，够不够农民和牧民们揭竿而起？似乎有点儿牵强。尤以最后一条为甚。

现在的史料里都说，那张由西方记者拍下来的照片，在流传到埃塞俄比亚民间后，迅速引起了讨伐皇帝的狂潮。一方面是城市里不停地饿死人，另一方面则是皇帝穷奢极欲地把生牛肉装在金盘子里喂狮子。从此民间的怒火就一发而不可收。

但是需要注意的是，埃塞俄比亚被称为"雄狮之国"。狮子一向是被视为国家象征的，某种程度上就像中国的熊猫一样。当然，如果真在饥荒来临的时候，饲养员继续拿着大鱼大肉去喂熊猫（熊猫是吃肉的），这样的照片传出去也会引发骚乱。但要说因此就完全颠覆一个王朝，多多少少还是有些说不过去。为了维系天子正朔，或者供养国家象征，中国历史上没少做过牺牲。只要皇帝不是兼职开动物园，因为区区几只动物还不至于天下大乱。

或许，这还有埃塞俄比亚民智已开和当时东西方两大阵营斗争的背景因素在其中吧。

有人说，西方（尤指美国）培养出了门格斯图，然而他又在接下来的斗争中偏向了苏联。两面三刀的门格斯图叛乱之后，老塞拉西本可以不死，没承想无数忠于皇室的人都企图营救于他，甚至连门格斯图的代言人——预定的下一任皇帝，都准备还政于海尔·塞拉西。于是门格斯图干脆一不做二不休，把号称"刀枪不入"的海尔·塞拉西用枕头闷死，再把象征王朝正统的所罗门戒指摘下来戴在自己手上，然后接手了埃塞俄比亚政权，直到20世纪90年代，他的统治才宣告结束。

然而事实如何，真相永远隐藏在历史的长河中。

我总喜欢讲，真相隐藏在历史里。一方面是觉得自己并不是什么先贤达人，完全做不到以一星半点儿的史料就逆推还原出当时的社会真相。另一方面则是觉得，自己不过是历史长河里一颗静静蛰伏的石子罢了。那些宛如星辰般的往事，璀璨着洒下星光映在河底。作为一颗石子，只要沐浴光辉就可以了，妄图追根溯源探究聚变与裂变的原理，很难。我宁愿若干年后，有人捡起石子时，可以从石子上烙印的花纹，推测出当年星光的辉煌。

> 没有什么比当众谴责作恶的人更容易，也没什么比理解他更难。
>
> ——陀思妥耶夫斯基

当我站在拉利贝拉王修建的宏伟地下教堂群旁边时，我看到了一位白袍老者。他静静地坐在日光下，翻看着一本看上去就很古老的书籍。周围无论是游人还是教士，走过时都放慢了脚步。天气炎热，老者身旁却很清凉。人声嘈杂，老者身旁却很安静。

178

海尔·塞拉西的陵墓

海尔·塞拉西墓堂旁的老人

我问导游：你认识那个老人吗？

导游点点头，说：认得。

我说：他是教士吗？怎么没看到他的祈祷杖？

他说：不是，他是守墓人。

我有了兴趣，问：这里除了拉利贝拉的墓，还有谁的墓值得一守？

他静了半晌，说：这里有海尔·塞拉西的墓堂。

我大惊，问：哪个海尔·塞拉西？

他笑笑说：这世界上只有一个海尔·塞拉西。

我很好奇，继续笑着问：你怎么评价海尔·塞拉西？听说，当年有饥荒？

他沉默了，久久不说话。

我很后悔，觉得不应该用这样的问题去惊扰一个经历过40年前饥荒的人。

忽然他转过头，闷声对我说：海尔·塞拉西是个好皇帝。

我没有再问。尽管我知道，海尔·塞拉西的尸骨，据说葬在了皇宫边的大教堂。他的儿子虽然死在美国，但孙子仍然在亚的斯亚贝巴居住。从道理上来说，他的尸骨不会在拉利贝拉。

但我仍然努力放轻脚步，轻轻地走过那个静静读书的老人。他身旁的红色岩石洞窟，门紧锁着，门上有一行我看不懂的文字。

我想，上面写的是"海尔·塞拉西"。

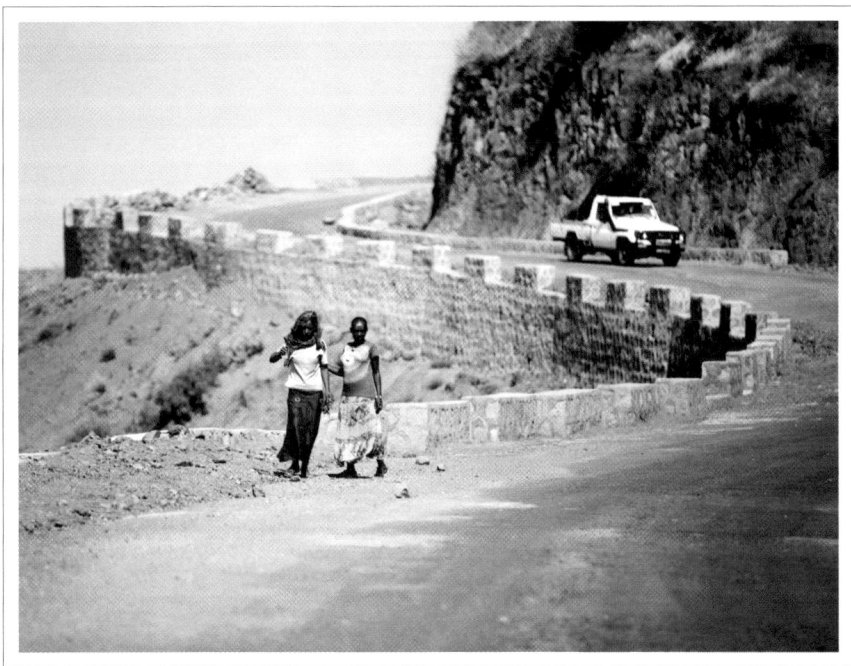

15

Fifteen

时光山岭

若汝兄待鸩杀于你，你欲何如?

如神机入梦，有声命汝于有生之年以整石一块盖房筑屋，你欲如何?

如果有人语，此整石须为一圣所，以待世人洗去沾染之罪孽，你欲如何?

这世上没有那么多的如果与假设。这些事情不会在现代的平凡人身上发生。下毒杀我们的不会是兄弟（或者就算是兄弟也搞不到鸩毒这种高档货，只能是老鼠药），建房子也不过是水泥和预制板的组合。至于说在教堂里，管风琴是很有颜面的"高大上"，但其具体构造怕根本没几个人知道吧。

所以我们的名字不叫"拉利贝拉"，所以我们盖的房子也不是世界第八大奇迹。

飞机降落在拉利贝拉机场，高原特有的凉风扑面而来，让人仿佛一下子甩掉了身上始终粘连不去的一层橡皮衣。高海拔和高气压的共同作用使得空气具有特殊的吸附性，似乎把所有的水汽和霉味都吸走了。对刚刚从炎热的湖区过来，惨遭非洲大蚂蚁啃咬过的我来说，俨然就是"你若晴天便是安好"。很难想象仅只几十分钟航程，气候就会剧变。霉气终究克服不了地心引力，被2000米海拔驱散得无影无踪。

从塔纳湖到拉利贝拉飞行时间很短。空中看到浩瀚的大湖渐渐消失，取

182

而代之的是连绵不断的山峦。从并不太高的上空望下去，山上有树有草，但植被并不密集，且渐渐变得稀疏。随着飞行，树木也从湖区旁边的大树逐渐变得低矮。

　　埃塞俄比亚全境不大，埃塞俄比亚航空的客机也基本都是小型飞机，坐不了多少人。因为距离短，飞机爬升得并不高。从飞行角度来说，这增加了遇到气流的可能性，不够平稳。但对于游客却是件好事。当轰鸣声伴随着推背感把人压上云层，一眼望去，山形真切，视角就像高空盘旋的黑鹰。

俯瞰拉利贝拉山野

没有饮料也没有小食，几十分钟的飞行一切从简。由于是第一班飞机，很多人都昏昏欲睡。我向几个昨天就碰到过的中国游客点点头，他们冲我笑笑，然后各自将视线投向窗外。红日、金云、青山，没有绿水。随着发动机收力时的颤抖，拉利贝拉到了。

说起拉利贝拉，好大的名头。世界第八大奇迹是不是吹出来的，未曾亲见不得而知。机场不大，总共就一条跑道，不过每天来这里的航班不少。即使对当地人来说，这里也是埃塞俄比亚境内最值得来玩的几个地方之一，其地位很有些"不到长城非好汉"的意思。有时候在街头坐车和司机闲聊，司机都会随口说起自己之前去拉利贝拉游览的经历，很像改革开放初期，出远门去趟北京上海走亲戚顺便游览的感觉，随时掏出相册展览一下的欲望可见一斑。

在机场的出境大厅……好吧，说是大厅实在是约定俗成，实际上它只像个大些的办公室。靠墙摆了排桌子，桌上摆着各家酒店的桌签，后面坐着的埃塞俄比亚男人在懒洋洋地聊天，即使看出我的茫然，也不会像国内那些小酒店的人那么蜂拥而至。

原订的酒店出了点儿问题。我拿着写有酒店名字的纸在桌签上寻看，却全然找不到所订的酒店。那几个中国人兴高采烈地与导游会合后，把行李扔上丰田面包车，一溜烟地开走了。行李客拿了小费，好奇地过来看我手里的纸条，然后向我指指一张桌子，说：就是他们。

这完全是两家不同的酒店好吗……至少从名字上看不出丝毫联系。我的脑海中闪过诸如"商业阴谋""并购""黑箱"之类的词，并且觉得很可能下一回合就被人引进小巷套了麻袋敲了闷棍，然后顺便脑补了报案会用到的英语、信用卡挂失手续和大使馆电话。一个聊得正欢的闲人走过来，用我这些日子以来听过最标准的英语问：Lu?

撸芦鲁露……不管声调，知道是叫我我就放心了。

见面道辛苦，必定老江湖。之前旅行社经理向我拍胸脯保证，拉利贝拉的导游，必是这样一个知冷知热的老江湖。一见面就发现果不其然。拉利贝拉属于旅游胜地，旅行社也多如牛毛。不过这位导游，已经摆脱了旅行社的束缚，属于Free Lancer（自由职业者）性质，自己接游客，自己开车，然后还自己修了家小酒店。有恒产者有恒心，说话底气就不一样，言谈举止里没有了那种穷凶极恶。论及职业操守，的确能甩开其他人好几条街。

这家酒店是教会开的呢，很不错的酒店，而且它就是有两个名字。不过等我家的酒店修起来，一定比它更漂亮！他拍着胸脯对我说，说完掰掰手指头，希冀地说：我用的是最好的工人和材料，建在最漂亮的山坡上，每天傍晚只要站上阳台，就能看到最美的夕阳。到时候，你记得一定要再来。

很美的远景，很认真的态度。我喜欢做事有目标的人。

就像修建此地的拉利贝拉王一样。

自然的一切都有神明意志留下的烙印。

——西塞罗

在所有古文明里，我一向认为没有哪种文明能够像中华文明那样，从古至今留下信史。有人说，三皇五帝太过久远，《尚书》含混不清，所谓的夏商周尧舜禹实不可靠，或者干脆大禹不过是条虫，但严格说，自从有了文字，中华民族的文化里就铭刻了一种"修史"的观念。涂抹史书的不是没有，但大多数时候史书可信度还是很高的。后一个王朝有为前一王朝修史的义务。逝者已矣，大多数时候史书都能够平心直论。这在世界文明史上都非常罕见。不过这就造成了一个现象：国外很多旅游区的历史底蕴远远低于国内，大多数情况下，它们背后的故事总有些似是而非。除了像比萨斜塔那样无论在世界科学史或是美食史上都留下深刻一笔的宏伟建筑，基本上都没什么太好的故事。拉利贝拉也不例外。

拉利贝拉有故事吗？有。

相传，拉利贝拉王刚出生的时候，一群野蜂围着他嗡嗡乱飞，驱之不去。这被视为吉兆。因此，拉利贝拉王的母亲非常高兴，认为这是上天对自己孩子的眷顾，就给他起名为"拉利贝拉"，意思是"蜂宣告王权"。

玩过"星际争霸"的人可能会有不好的联想，看过明史知道张四维给自己家祖上想出了个"神人授金"祥瑞之说的人可能也会嗤之以鼻。不过先把阴暗想法和负面思维都放一边，要知道国外尤其是非洲的历史文化并不像国内这样发达，所以我们把心理预期值微微下调些。再加上这些故事多半都是从宗教

185

传说引申而来，所以我们就更应该抱着尊重的态度，知其然，不必究其所以然了。

总之，拉利贝拉王出生时，就被一群野蜂宣告他会成为统治者。尽管听起来有些怪，但当时的人就信这个。

但对皇家来说，兄弟阋墙的事总有发生，烛影斧声和"玄武门之变"也不是中国专利。有人的地方就会有斗争。所以听说虫族拥护了自家兄弟后，身为人族的哥哥就坐不住了。

毒酒在世界范围内通用。哥哥一时兴起就给自家兄弟灌了毒药。按照历史（或者说传说）记载，被下了毒的拉利贝拉沉睡了三天三夜。

不知道是哪家出品的毒药这么烂，想药个人都药不死。不单药不死，还让大脑皮层异常活跃。拉利贝拉结结实实地做了三天梦。在梦里他梦见上帝。上帝说，嗯，孩子，爱你哦。你现在生病啦？没关系，到耶路撒冷来吧。朝圣一下，咱聊聊，你病就好啦。不过好了以后呢，你得还愿，得在埃塞俄比亚再给我修座城。大小不拘，这个材料可不能对付。你得用一整块石头给我刨出个教堂来。咱就这么说好了哈，拉钩上吊……

有人问了：上帝真这么说的？当然不是，毕竟这是拉利贝拉王又不是我做的梦。我的导游又是如此虔诚的东正教教徒，自然不会用通俗的话语为我解释。实际上，他的解释非常正统，正统到我完全听不懂的地步。

所以我自动把虔诚的正统解释变成了我能够理解的现代汉语，只是这点儿小心思可不能对导游说。

按照神谕，拉利贝拉王在埃塞俄比亚的北部高原上修建了11座岩石教堂。这里面花费的心思大了去了，据说是征召了两万民夫修了二十多年。当然，是陆陆续续修的，这种大工程没有同时开工的道理。

所以这十多座教堂看起来，最早的那批就显得异常古朴，修到后来有了经验，最后的就非常精美。

拉利贝拉王是怎么解毒的？传说里没有讲。企图下毒害人的大哥最后怎么样，是被五马分尸还是圈禁至死？这个也没有提。历史永远是个任人打扮的小姑娘。甚至对于两万民夫这个数字我也心存怀疑。那可是没有黑火药的中古时代啊。在同时期的中国，开山破石可是很费工的。要想修个栈道得先在石头上

186

打桩，打完桩后用火烧，把石头烧到滚烫再泼冷水，靠热胀冷缩把石头硬生生弄出裂纹，再一点点敲下来。就两万人，别说修屋子了，二十多年工夫也就只够干点儿基础建设，想想范喜良和孟姜女吧……

拉利贝拉王统治时正是王朝鼎盛时期。征调民夫没造成社会动荡，高原地区施工的后勤工作也没有把王朝拖垮。上帝有没有把这些岩石宫殿当成行宫不得而知，但这片建于千年前的古建筑群的大部分都保存了下来，此时此刻仍在正常运转，不能不说是个奇迹。它的宗教功能还在发挥作用，现在已经成了埃塞俄比亚境内的一个宗教中心。据说每年圣诞节的时候（顺便说，他们的圣诞节不是在12月25日），这里都人山人海。那会儿的游客会痛并快乐着：可以欣赏到宏大的宗教仪式，但小偷横行外加找不到地方住，真有点儿什么差池，当铜卖马的心都有了。

> 两种爱造就了两座城：自爱所造的尘世之城；神
> 爱所造的天界之城。

> ——圣奥古斯丁

飞机上遇到的中国朋友，非常凑巧地和我住同家酒店，它位于整个拉利贝拉镇的最西边，一墙之外就是崇山峻岭。住在这里的好处是可以拍到非常美丽的落日。在酒店里遇到他们时彼此相视一笑：本以为之前在塔纳湖的偶遇既是起点又是终点，没想到连续奔波下还能见面。久旱逢甘霖，他乡遇故知。有时候，这"故知"来得就是如此任性而轻易。

晚上随便吃了点儿东西后大家坐在庭院的椅子上闲聊。闲谈中得知，他们是埃塞俄比亚航空公司邀请的媒体团，从北京过来，在埃塞俄比亚的行程和我的基本上一样。晚餐大家吃了当地特色食品，吃法类似春卷，里面卷的馅料是各种各样的熟菜，而且以酸为美，颇为怪异。我有点儿怀疑自己其实是到了韩国，但当地人倒是吃得津津有味。

吃好了，一个小姑娘问：明天你会去教堂吗？

会啊，来了这里，当然要去虔诚下。我说。

那我和你说哦，去那里千万记得别穿袜子。她神神秘秘的。

为什么？我问。

不知道。航空公司的人告诉我们的。反正我不穿。她说。

旅途中我最喜刨根问底，于是就跑去问航空公司的人。

这事不能说太细。航空公司的小伙子很神秘的样子。

我被搞糊涂了。可看他"我什么都知道，但就是不告诉你"的样子，干脆闭口不问。话说我也能理解，因为有的时候，并不是别人不愿意告诉你，只是他们自己也只知其然不知其所以然。只是提醒自己记得，明天去教堂的时候把袜子脱了。

但事实告诉我，我其实是没办法脱袜子的……

第二天的天气很不错，艳阳高照。高原似乎总有好天气。虽没有西藏那种白云压顶的感觉，但苍穹也很漂亮。自然界喜欢最纯粹的颜色。所以天是蓝的，草是绿的，花是黄的。而岩石教堂，则是暗红色的。不知道是不是石头里含铁，远远看去，整个教堂……好吧，远远看去实际上什么也看不到。只有走近才会在地上看到几处暗红色的十字瘢痕。

这或许就是拉利贝拉最大的魅力之所在吧——无论是最新的还是最老的教堂，顶部都和地面平齐，整个教堂区就像在地上刨了个大坑，深深地凹了下去。地面是土黄色的，凿开的岩石则是老旧的红色。多年的风雨冲刷，让石头发出一种时光的味道。风化的墙壁，就像古旧的线装书，历史感不言而喻。

从地面上顺着长长的露天甬道往下走。大部分的甬道曲折蜿蜒，两边石壁斑斑驳驳。有时可以看见前面有个教士正蹒跚地独自行走。天气炎热，苍蝇和蚊子在人耳边发出让人心烦的嗡嗡声。甬道最底部是教堂高高的大门。大门敞开着，旁边坐着几个老人正低头交谈。导游轻声对我说：把鞋子脱下来。

好吧，关于鞋子和袜子的重头戏终于来了。我把鞋子脱掉，问：为什么要脱鞋？

导游很严肃地对我说：为了表示尊敬。

说完，他拿出一条白色的丝巾披在自己身上，吻了吻教堂门口的圣像，脱下鞋子。

人很容易受到周围环境的影响。别人都西装革履时，穿着沙滩裤和拖鞋的人会觉得不自在。比如我，虽然之前一直想着袜子袜子，但看到别人都毫不犹豫地穿着袜子进去，我也没觉得有什么。

教堂的的确确是从完整的石头里挖出来的。里面不像其他教堂那样铺着木板，脚下踩的直接就是冰凉的石块。或许是为了"表示尊敬"，上面盖着红色的地毯。但地毯很薄，踩在上面，隔着袜子也能感觉出石头的冰冷。走的人多了，地毯并不熨帖，在上面走过时总像踩在冰冷而滑腻的肥皂上，很不舒服。

空气里有股发霉的味道，伴随着寒气，让人忍不住想打喷嚏。但教士和信徒似乎完全感觉不到这些。教士借着教堂顶部开凿的小窗户里透进来的光柱在看书，信徒则跪在地上，低着头喃喃自语。还有的信徒则在腋下挂着一根祈祷杖，整个人倚在杖上，闭着眼睛似乎正在聆听上帝的声音。

有研究说，教堂的建造是很有讲究的。声学和美学原理在里面要表现得淋漓尽致。这在拉利贝拉教堂群里尤为困难。但辛苦不会白费，人只要走进这里，就会不自觉地感到一种油然而生的肃然。

拉利贝拉岩石教堂里的教士

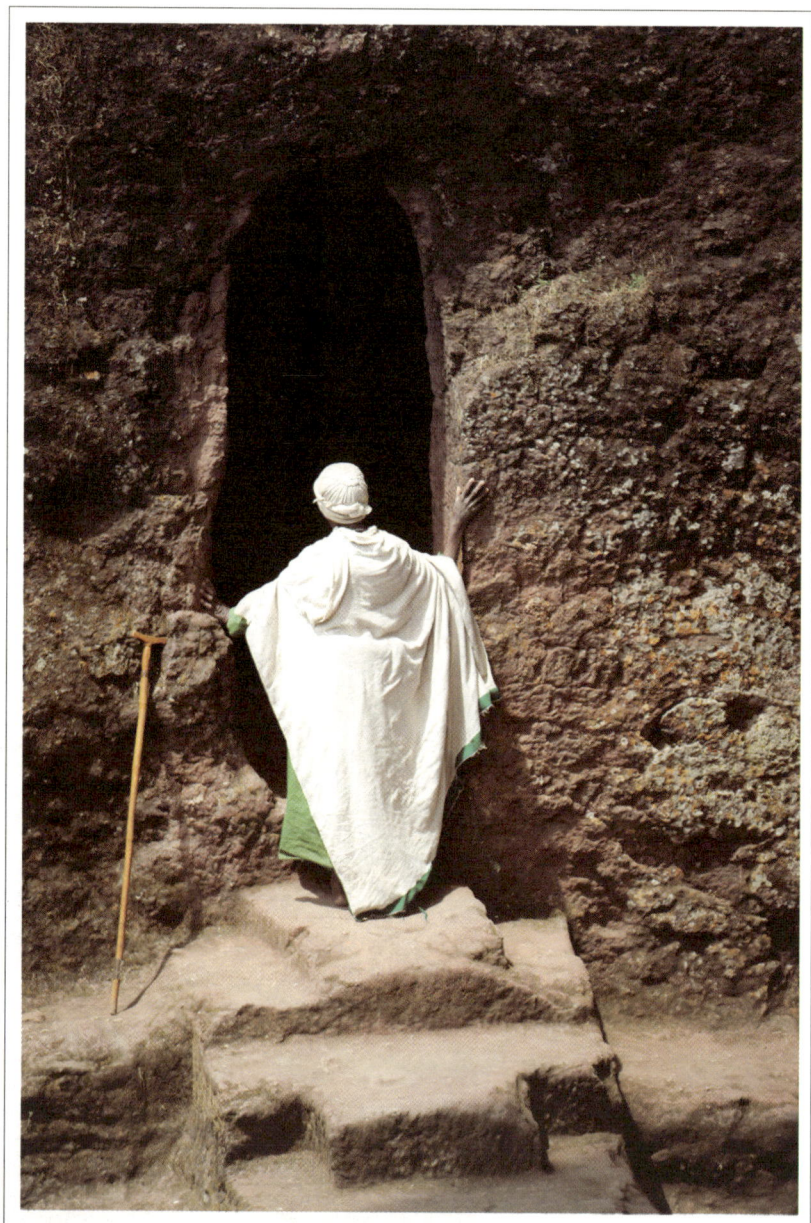

身着白袍的信徒

190

拉利贝拉的教堂群总共分为三部分，以修建时间区分，各部分之间以地道连接。教堂共有十多座，有大有小。最大的教堂俨然一座小山，有几层楼那么高。最小的教堂则只得一间小小的屋子，仅容一人入内。因为年久风化，有些小教堂目前已不再开放。我去的时候并非朝圣旺季，虽也有信徒，却不多。他们大多穿着埃塞俄比亚的民族服装，挂着祈祷杖，披着白披肩，低着头，远远地看不清脸。有的人匍匐在地，有的人则倚在教堂门前。

在教堂里我没有看到告解间。不过很显然，这里必定会提供此类给人安慰和解脱的场所。只是这11座教堂绝不仅仅有告解和布道这些基本功能。严格来说，它有点儿类似于社区活动中心，在宗教功能之外还提供社区服务和心理辅导帮助。在教堂旁边有个深深的池塘，旱季水池里没多少水，几乎可以见底，有几根很粗的绳索顺着池壁垂了下去。很明显这不是一个传统意义上的宗教设施。那它是做什么的呢？

求子送子这种人类必有的精神寄托，在世界各地有种种不同体现。火鹤、送子观音，还有生殖崇拜，某种意义上殊途同归。所以这个池塘就是用来求子的。在雨季水池满水时，求子的妇女把自己绑在绳子上，然后浸到水池里。越虔诚的人就可以待得越久，待得越久就越能生孩子……

需要指出的一点是：池子真的很深。如果不指明用途，我觉得用它来训练深潜也是完全可以的。这么深的池子会把人淹死吧……

的确，有人在池子里丢掉过性命。即使拴上了绳子，也不是每个人都有体力爬得上来，淹死在其中的人确实存在。只不过虔信的极端就是狂信，而信仰本身只是一种状态，无法进行逻辑上的评判。

这样的东西在拉利贝拉还有很多。有个非常出名的景点叫"天堂之路"。说是天堂之路，其实颇有让人明心见性的意思。一条狭窄的小道，走过去就代表你从人间走到天堂，所有的罪孽都得到了救赎。

听着没什么吧，似乎和很多其他地方的路都一样。只是除了这条天堂路修在悬崖边，别的一切都好。

在两座山中间，教堂修在山涧旁，与外界以石桥相连。在教堂西侧的悬崖边是天堂路，悬崖下的溪流则是约旦河的源头。有恐高症的人，只是想想就会觉得头晕。

所以这天堂路绝非好走的。大抵和世间百态一样，想进入天堂比骆驼穿过针眼还要难。正因为很多人想去天堂，结果最终真去了天堂，埃塞俄比亚政府不得不把这条路封了起来。至于说是不是有人仍旧偷偷去走，那就不得而知了。

　　　　　　　　　　　诸神在天界永生，人类在地上行走，两者全然
　　　　　　　不同。

　　　　　　　　　　　　　　　　　　　　　　　　　　——荷马

　　如果把拉利贝拉当作一个宗教性建筑群，进而忽视它的历史地位和象征意义，这毫无疑问是过于偏颇的。所以如果只从游客角度出发，而不去考虑它背后隐藏的诸多含义，那这就很容易陷入旅行的悖论当中：去的地方越多，觉得那些地方就越没劲。走马观花是客气的说法，流水账才是真正内在的含义。

　　很多人都去过拉利贝拉，攻略和贴士也满坑满谷，"到此一游"式的照片更是随处可见。然而作为一个外人，真的很难理解拉利贝拉对于埃塞俄比亚人的意义。就像外国人很难理解，长城作为防御工事的军事意义丧失多年后，为什么还会在中国人心中形成一种符号性的象征。这无法用民族主义或是群体无意识来解释，只能说，对于长城，那种既爱它宏伟壮观，又反思它的双重作用的复杂心理，是中华文明圈之外的人所完全无法体会的。

　　长城脚下放羊的孩子无法理解为什么一群白人、黑人会兴高采烈地飞过大半个地球来看一些残垣断壁，因为在他的眼里那不过是些坚硬而古旧的墙砖罢了。有时候离得太近，就会对某些让人震撼的事物变得麻木。当桥上的行人变成别人的风景时，他就丧失了看到风景的资格。

　　所以当和我一起吃酸饼然后告诉我别穿袜子的小姑娘建议晚上一起去看当地歌舞表演时，我欣然接受。要想了解一个人，你要距离他足够近。对拉利贝拉也如是。

　　然而歌舞表演现场的声音和气味却让我有点儿难以接受。我是个喜静的人，对于太过激烈甚至引发热血爆炸的音乐和舞蹈我敬谢不敏。我躲开喧嚣的人群，远离热情的舞娘，静静坐在外面的草地上。

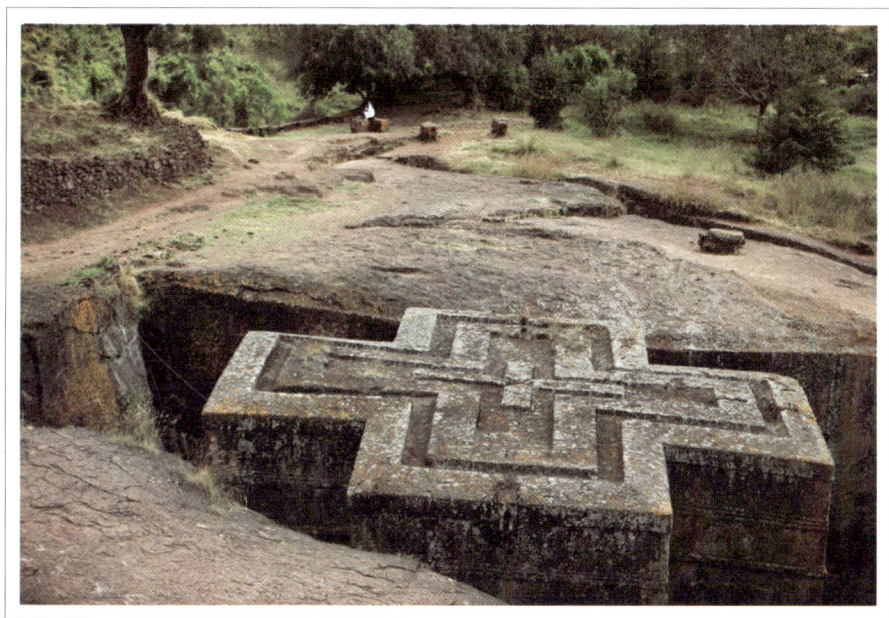

岩石教堂

　　埃塞俄比亚的群山，远称不上秀美，和中国的完全无法相比，但在清冷的月光下，却自有一种古拙和苍茫。冷月如刀，月光似水，泼在山峦上。背后的天穹泛出宝石色，绝非一望无际的黑。拉利贝拉小镇已经安睡，仅有些许街灯和几盏孤火。或许还是贫困吧，镇上的人完全没有夜生活的概念。天睡人睡，天醒人醒。灯火自然是奢侈品。但这也给了我一个机会，让我可以看到夜幕下的拉利贝拉。

　　远远望着教堂群的方向，我知道它就在那里。但尽管有星光和月光，却仍然睁大眼也无法从夜色里将它分辨出来。黑夜将时光凝固然后倒转，让一切都回到了那野蜂飞舞的年代。它真的在那里吗？还是说，群山中那长长的甬道、斑驳的墙壁、沉重的石门、虔诚的教士，还有那泛着铁锈色的巨石，其实都不存在，因为时光已远远回溯到它们产生之前？

在摄影师口中流传着这样一句话：如果你照得不够好，那是因为你离得不够近。的确如此，你必须靠近才能看到细节和局部。但细节和局部绝非事情的全部。有时候你必须学懂，在面对无法想见的宏大时，执着于细节只会让一切变得污浊，跳出来才能看到全部。

那一夜，我坐在埃塞俄比亚高原的群山间，水银似的月光压在山间，眼前悬着一片蓝色的天幕，耳边却不知何时开始萦绕着虽然微弱却始终清晰的野蜂振翅声……

拉利贝拉镇上的女子

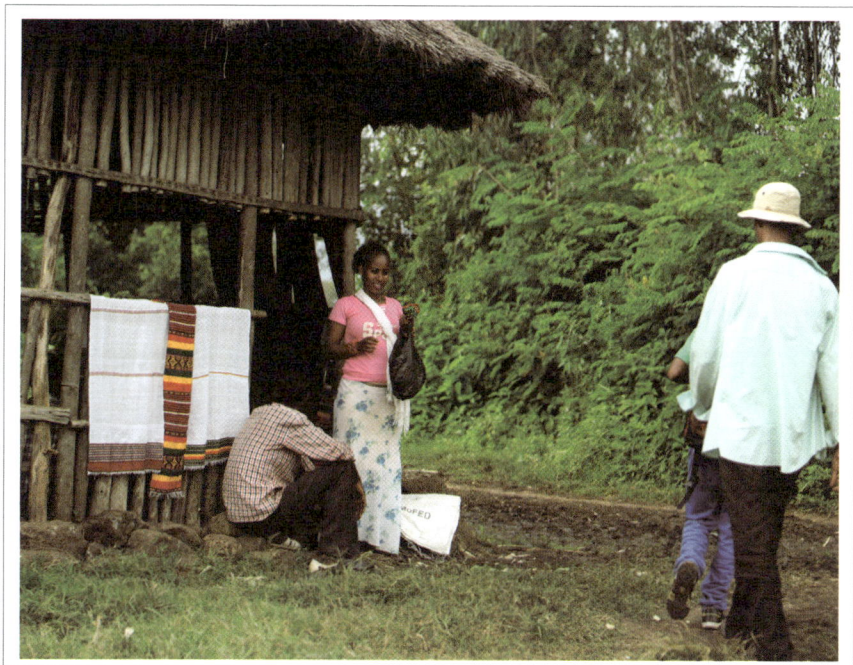

16
Sixteen

最破旧的纸币

判断一个国家的基本物价标准，最简单的标志不是看官方价牌，也不是看市场购买力，而是看这个国家的货币里哪个面值最破旧。

最破的钱，自然是平时应用最广泛的。这就像说到20世纪80年代的中国，说起来大家都会想到"大团结"。但"大团结"毫无疑问不是当时的"主流"货币。在一个万元户被人们所尊称的年代，除了一部分先富起来的人之外，大部分的流通货币还停留在元、角、分这几个度量衡上。一根红果冰棍五分钱，一个小碗冰激凌两毛钱……最破旧的钱应该是毛票。

而不像前几天听到的一个段子：上公厕不小心把10元钱掉到马桶里了。捡吧，嫌恶心。不捡又可惜。最后干脆再扔一张100元的下去，这样捡起来心里比较舒服一些。所以看到此处，土豪退散……本文不是为你准备的。你应该拿本头等舱杂志看。一掷千金面不改色在平时能彰显身份，旅行时则只能显示出你是个不折不扣的冤大头。富可敌国只是个形容词而已，没人能真正靠一人养一国。

据说，这世界上最破旧的钱币是一美元的纸币。一张一美元纸币从印钞厂里被印制出来，不知道会流转经过地球上多少个国家。从高官到门童，大家都对它情有独钟。就连瘾君子，也对它青眼有加——听说，全美国70%的一美元纸币上都或多或少有一点点海洛因的痕迹。

出外旅游，必备的就是一美元纸币。这个基础知识自从布雷顿森林国际货币体系崩溃之后，就应该是国际旅行者所必备的知识了。手里拿着一沓百元大钞（更别提欧元还有更大面额的），面对着行李员殷切的目光，这小费是掏还是不掏呢？尽管我们在心里对美元的国际货币地位嗤之以鼻，心里碎碎念着"美国人正在让全世界为他们的通货膨胀埋单"，但那绿票子仍然是硬通货。

亚的斯亚贝巴的机场熙熙攘攘，繁华程度和北京的首都国际机场有一拼。尽管已是深夜，人流仍然喧嚣。这些年来埃塞俄比亚航空公司的努力没有白费——它用低价机票吸引客流，努力把亚的斯亚贝巴打造成东非的交通枢纽。不同于阿联酋航空的那种奢华，低廉的票价才是埃塞俄比亚航空公司的有力武器。所以置身于亚的斯亚贝巴机场，周围那种嘈杂和人群，让人总有一种仿佛回到国内的感觉。

这让我略有些安心，尽管我知道这种安全感其实全无道理。

说起来，这一路一直有种"独在异乡为异客"的感觉。四海踏破，漂泊旅人，拎起背包浪迹天涯……这种被文艺化的洒脱背后，其实隐藏的是居无定所的不安全感。我不否认有人迷这种感觉迷到发疯，但对很多人来说，一个稳定且熟悉的外界环境仍然是安全感的主要来源之一。

而这一路上，其实还是有点儿不安定感的。陌生的环境，陌生的语言，陌生的食物，陌生的习俗，陌生的货币，陌生的交通工具……一切都很陌生。

人一旦内心产生了不安定感，一种传自古老祖先的本能马上就会在基因链里被激活：Fight or Flight？（搏命还是逃命）

不去管心理学上对这句话的解释，单说那种淡淡的紧张感，就足以让人提振起精神。只是人的心理能量终归是有限的，没人可以永远警觉。所以走在这人潮汹涌的机场里，不自觉地就松了一口气，仿佛回家了一般。更别提，埃塞俄比亚是现在中国劳工的一大目的地，身边时不时闪过的黄色面孔和耳边南腔北调的普通话（真的是南腔北调，甚至有的黑人讲得还挺标准），让人有种泡在温水里的倦怠感。

换钱是一定的。晚上机场里的兑换处关门了，住的朱庇特酒店里也没有兑换处。深夜，亚的斯亚贝巴整座城市都没什么灯光。一路行来，路上行人少得可怜。隔着好远才有一盏路灯在苟延残喘，发出的灯光很有老北京的感觉——

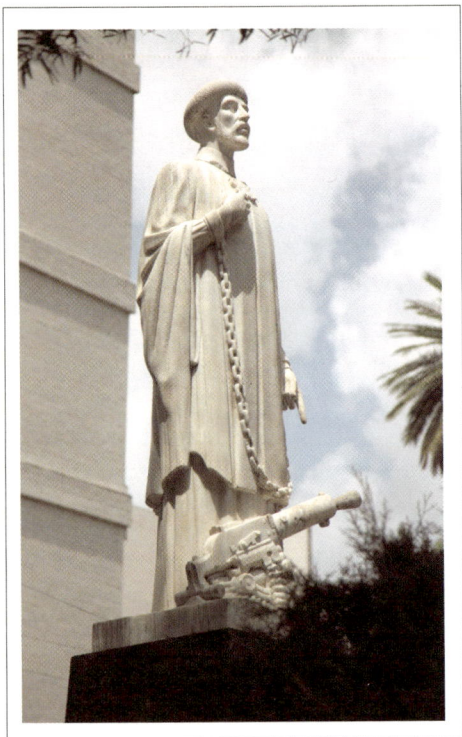

埃塞俄比亚国家博物馆门前的雕像

一灯如豆，说没光不恰当，说有光也谈不上。

这种情况下找点儿当地货币自然是没戏了。不过好在深夜入住，也没什么需要花钱的地方。打发走大堂里几个围上来的流莺，我从前台拿了份地图，锁定了离我最近的兑换处。

酒店的网络慢到令人发指，还时常断线。手机也永远显示"无网络"。这让我想尽快找点儿资料确定当地物价指数的希望落了空。酒店里的东西价格永远是做不得准的——除非你想像楚门那样，生活在一个完全与世隔绝的罩子里。

第二天是休息日。在损失了一点儿汇率之后，我换到了一些当地货币。九成新的钞票，虽然不能发出那种刚洗净的盘子才能发出的咔咔声，但拿在手里仍然赏心悦目。

只是这仍然不能解决我关于当地货币标准的疑惑。我问当地导游每天应该付多少钱枕头小费，那个黑人小伙子想了很久，才用非常不标准的英文告诉我说：这个吧，这个要看情况啊，没准啊，应该可以不给的吧……

好吧，这个答案说了和没说一样。为了不让自己的牙刷上或是咖啡里出现什么不该出现的东西，每天的"枕头小费"还是用遥控器压在桌子上。而且如我所料，当我回来的时候，那张绿油油的钞票就已经消失不见了。

有智慧的人自己选择方向。

—— 欧里庇得斯

人在国外，选择物价指数的参照物是很重要的。当地特产的话毫无疑问不可以选择。很多特产在当地几乎一文不值，几元钱就能买一大口袋——你付的其实不是货物钱，而是人工费。换言之，货物的价值趋向于零。这点在热带水果身上尤其明显。旺季的时候，小孩子沿街叫卖的水果，其实不过就是他们自己从树上摘下来的。树也往往是无主之物，论及成本几乎没有。就像广告词里说的，他们不创造水果，只是大自然的搬运工。

选择电子产品也是不科学的。电子和数码产品倒没有什么原产地之类的说法，一块硬盘在工业园区里面还是外面买并不会有什么显著差异——价格是由经销商的能力所决定的。但电子产品受整个国家大市场影响非常大。一个很好的例子就是柯达胶卷。在中国，柯达胶卷的价格只有国外的二分之一左右。因为中国有自主品牌乐凯，而乐凯拉低了中国市场上所有胶卷的价格。比较新一点儿的例子比如手机。大量的国产手机硬生生地拉下了洋货的价格。综合比较之下，香港的iPhone手机是全球苹果店里价格最低的。同样的手机，拿到南非价格翻一倍都算少的。

那些既能彰显身份又能拉开阶层距离的东西，绝对是下下之选。同样是四个轮子，算上备胎也不过五个，一辆奔驰的价格抵得上几十辆奇瑞QQ。进口关税是隐形的，藏在整体零售价之下，除了内行没人能看得清，更别提游客。你永远不会知道旅游地的政府对于那些奢侈品加了多少倍的税。如果用蒂芙尼的价格来进行衡量的话，那全世界倒真的同属一个地球村了——反正无论走到哪里，那种东西的价格水分都很大。

所以，通常来说最好的选择就是食品，但这在埃塞俄比亚有点儿行不通。我印象里的埃塞俄比亚永远是饥荒一片的样子。尽管埃塞俄比亚航空的飞机餐不错，走在街上也看不到饿殍满地，但那些黑镜头下的照片已经深深地烙印在记忆里。这种情况下还选择食品，就纯属脑子进水。没听过"乱世珠玉不如土"吗？粮食的价格浮动可是会超过一切东西的。

好在，我还有最后一招。

行走各国，我最常选择的一种标杆性等价物就是——牙膏。

反正现代社会里，这种日用品的市场基本上已经被大公司瓜分完了。它们完全有能力把触角伸入地球的每一个角落。在简单的日化产品领域打起价格战，本土产品往往不是跨国公司的对手。

人们在购物时有一种特殊的倾向：对于便宜的东西，人们倾向于买好的。对于贵的，则倾向于买性价比高的。买车的时候，10万元的车和100万元的车区别很大。但10万元的车毫不讳言：我虽然质量和设计没人家好，但就是便宜。于是所有的车都会有人要，大家都卖得很开心。

但在便宜的东西上，事情就颠倒了过来。1元钱的手纸和1.5元的手纸，可能质量上差异只有20%，但人们会毫不犹豫地去买贵价产品。

究其根本，大家的内心还是愿意用好东西的。在人们认为自己可以承担因质量差异而引发的价格差异时，好东西仍然是首选。

所以结果就是，牙膏这种东西在世界各地的物价体系中地位都差不多。

当我从酒店旁边的小铺里买了一管牙膏后，不禁为当地的牙膏价格之高而咋舌。一管普通牙膏折合人民币要20元。虽然这个价格不是不能接受，但仍然让我觉得有点儿小贵。

不过转念一想，黑人牙齿好是世界上出了名的。先天条件好，后天自然可以马虎一点儿。估计他们刷牙也不是特勤快吧。

转念又一想……不对啊。人的牙齿虽然有差异，但从天然来说，人的牙齿并不是洁白如玉的。牙齿和其他骨头一样，其实是有点儿淡淡的黄色在里面。不刷牙的话，只会积攒茶渍、烟渍、牙菌斑，牙齿应该越来越黑才对。

和所有其他的国家一样，不捡东西就算丢，碰到冤大头不宰是对不起人民的。埃塞俄比亚的小铺子一样水热刀快。并不是所有时候花了钱都会买到好东西。看着酒店小卖部里同样的牙膏只有不到一半的价钱，我只有苦笑以对。

不过很快我就调整了过来：无论是用别人的错误来惩罚自己，还是不为打翻的牛奶哭泣，桩桩件件都表明我应该马上调整自己的状态，让自己从失败的牙膏中挤出来，尽快找一个新的参照物。

以前我曾经和英国的一家出版社谈过版权引进。对方出版种种精美的格言小册子，有点儿类似于美国的谚语饼干，但比那个要精美许多。当时对方选择的参照物是麦当劳的巨无霸。他们说，在全世界所有国家，这本小册子的售价都应该不低于一个巨无霸。

没错，是不低于。因为英国人固执地认为，好东西的价钱就要对得起自己的品质。贵族范儿可从不只是说说而已。

这笔生意最终没有谈成，因为这个价格或许在美国英国很合适，但在中国却实在太高。没有人愿意为本小册子掏顿午饭钱，除非它可以变成奢侈的代名词。不过从那次谈判里，我学到了用巨无霸来充当参照物。

我在亚的斯亚贝巴的导游虽然年少，不过业已凭本事挣出份小小家业。我和他去吃地道埃塞俄比亚口味的自助餐。已经被中餐养刁了胃口的我只拿了些炒米饭和通心粉，而他俨然扶墙进去扶墙出来的架势，这让我知道了食物在当下的埃塞俄比亚仍然是种不适宜衡量生活水准的东西。

这样一份"上等美味"（我的小伙子导游很开心地擦着嘴时说的原话），价值几何呢？大约折合人民币100元，约等于金钱豹（一家自助餐店）的半份自助餐。

后来我尝试过各种参照物。麦当劳就不要提了，在埃塞俄比亚期间，我基本上就没看见过这家店。旅游纪念品漫天开价，按照价签上的价格，这些纪念品连埃塞俄比亚海关都通不过（埃塞俄比亚对于带出境的礼品价格有限制）。

便宜的东西有没有？有。小导游曾经毫不犹豫地送给我一个古朴的挂件。但因为是礼品，所以无法衡量价格。

乱世黄金，盛世古董。埃塞俄比亚却是一个处于乱世和盛世之间的国家。所以无论是古董还是黄金都没有作为衡量标准的价值。黄金不能直接流通，古董倒是不少，但很可惜，并没有非洲版的潘家园供人捡漏。退一步说，就算真的捡了漏，走私文物出海关可是犯大忌讳的事，一不留神就得去蹲苦窑。

然而忽然有一天我发现，原来最好的参照物，一直在身边。

它的价钱既不能太高，也不能太低，既不能让人无法计算，又要让人能够便于记忆……符合这些要求的东西，不就是我们身边最常见的钞票吗？

就像刘三姐唱的那样，铜钱无脚走千家。每个人的生活里都离不了钞票。

有人会说：你这不是有病吗？说是找一般等价物，你偏偏说个钱出来？之前说说什么牙膏、巨无霸也就罢了，现在直接开始说钱，是不是要玩"白马非马"的诡辩？

当然不是。之所以用钞票也是无奈的选择。之前不是说了种种不便？国情不同，物价体系不同，最终能选择的东西实在有限。

选择钞票，并不是看中它流通的本质，而是用它的品相来判断。

就像你不妨打开身旁的钱包看看，此时此刻你钱包里最破的一张钞票是多少面额的？

可能是1元也可能是5元，但绝不可能是100元的。而且多半是1元的零钱，因为每个人都喜欢拿大票子，没人以存零钞为乐。

这就是说，你在中国花钱的基本单位，也就是1元或者5元。再小不可能，大家都知道现在毛票基本上不怎么流通了，硬币也少有人用。街上掉张1毛钱，基本上没人弯腰去捡。而再大就脱离群众了。以10元或者100元起步，那不是普罗大众的生活方式。

就像在"大团结"时代。真正的"大团结"搓起来咔咔作响，那是因为流通的次数少，10元钞票品相好的缘故。

那么在埃塞俄比亚，什么样的钞票品相最破呢？大致和中国相似，也就是从1元到5元。之所以不敢肯定，是因为我毕竟是游客，所见有限，不敢肯定地说就一定是某种面额的钞票。

按照我的观察，一般人买东西也就是掏个几元钱而已。那个好几十元钱的牙膏我纯属挨宰。在路边摊上喝杯咖啡，最多不过就是10元钱。超市里的日用品几十元的就算贵了。

临离开埃塞俄比亚前，我被找回来张1元的埃塞俄比亚纸币。它堪称我见过最破的钞票：除了隐约还能看出钱币的颜色之外，上面的图案已经完全模糊了。我本想把它留存下来做个对埃塞俄比亚货币体系最直观的纪念，后来实在是怕别人说我鱼目混珠，拿张牛皮纸就冒充钞票，才不得不忍痛把它花出去。掏钱的时候我心中忐忑，生怕别人不收。不过对方仿若无事地收下那张钱，顺手就揣进口袋，于是更坚定了我关于拿钞票做参照物的想法。

银行系统比正规军队更难对付。

——托马斯·杰弗逊

说到这里，其实不妨把眼光放开一点儿，放到全世界，看看其他国家的货币破旧程度如何。

一般来说，一个国家的钞票总是在不断更新的过程中的。银行收回流通中破损的钞票，然后印钞厂再印出新钱。整个国家的钞票体系就像一池活水，流水不腐，户枢不蠹，就这么个道理。

然而奇葩总是存在。在我的经验中，有几类国家的钞票系统就不适用于这个规律。

第一类国家，由外国印钞厂来承接本国的货币制作任务。

有人会说，这不是把自己国家的经济命脉完全交到外人手上吗？真的会有国家这么干吗？

的确是有的。在我印象里，不丹的货币就是澳大利亚政府援助的。不丹是一个国土面积很小的国家，地处高原，举国上下几乎没有工业，但是钞票精美无比。我当时就很好奇，这样一个旅游国家，近乎举国封闭，人民的物质供给少得可怜。货币的流通性本来就差得可以，怎么会有这么精美的钞票？他们自己有力量印吗？

后来有朋友告诉我，不丹根本就没印钞厂，钞票是澳大利亚帮忙印的。当然，不丹政府背后采取什么样的防伪手段来控制伪钞，我就不得而知了。

外国帮忙印钱，自然不会像自己印钱那样方便，有磨损也不能很快更替。所以，这类国家此规律不适用。

第二类国家，是对外国人采用别种货币的国家。

这类国家的代表应该说是20世纪的中国和此时此刻的古巴。它们针对外国人发行别种货币，和本国人所采用的货币不同，所以关于以钞票为参照物的方法因隔离而失效。

古巴政府针对外国人所发行的货币和本国货币兑换比率约为1:24。身为外国人，你在古巴境内的每次经济活动花费都只能是那种特殊货币，想搞点儿当地钱收藏都很难，更不用提花用了。看到你是外国人，没有当地人会换钱给你，就算换到了，摊贩也不会收你的当地钱。

这点和以前中国的外汇券很像。区别是中国的外汇券管制没那么严苛，换人民币还是可以换到的，只是某些商店只收外汇券而已。

第三类国家就很特例了，特例到我一说大家就知道是哪几个国家。这类就是整个货币体系面临崩溃，甚至多次面临崩溃的国家。比如此次路上的津巴布韦。

津巴布韦元已经在中国臭街了。多少骗子以此行骗，骗没见识的老人家说这是很值钱的外币。等老人奉上毕生积蓄，然后兴高采烈地去银行准备借此捞一笔的时候，才被告知这是早已停用的津巴布韦元。就算没停用，这张钱也连个面包都买不了。

骗子行骗的另一个工具是越南盾。不过好在越南盾虽然面额偏大，动辄几十万元，但好歹价值还算坚挺，并未上下波动太过，更没有停用的风险。

但津巴布韦钱委实奇葩。这几十年里，津巴布韦元崩溃过好几次。每次都是在短短几年之间就疯狂贬值，甚至可能一个月之内数万倍地贬值。从刚印出来时一元钱还能买点儿东西，到几个月之后可能买个面包就要论麻袋扛钱，说实在的，我完全无法想象这种情况下该国政府怎么才能安抚下来暴怒的民众。

关于津巴布韦元究竟是怎么个疯狂贬值，有兴趣的朋友可以自行上网搜索，这里就不赘述了。其实说白了也就是那么回事。本身经济体系就岌岌可危的国家，一味印票子算是饮鸩止渴。不是没人看得出这一点，但是看得出又能怎样呢？好歹也止了渴。就像那句老话说的，"我死后，管它洪水滔天"。

像津巴布韦这种国家，以钞票为参照物的方法自然也是不适用的。还没等磨损完毕，说不定这版钞票都停用了，还参照个什么？没看国际货币基金组织和世界银行早早就对津巴布韦的货币体系失望透顶了吗？

牙膏，巨无霸，再到最破烂的纸币……参照物的选择总是会不断变化的。或许旅行的一个巨大的乐趣就在于，你总要不断更新自己的知识体系。知道的越多，不知道的也就越多。古希腊的智慧在此刻得到了最完美的诠释。有没有人觉得，其实选择参照物的过程，乐在其中？

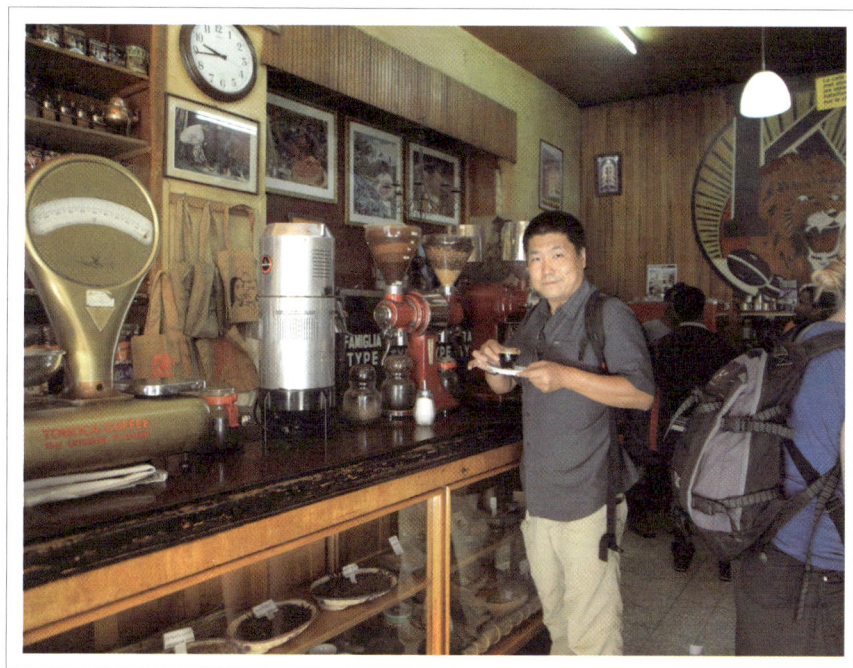

17
Seventeen

卡法才是故乡

没到埃塞俄比亚的时候，总觉得世界上最好的咖啡出产在南美。在感觉当中，咖啡豆似乎天然就应该同桑巴舞或加勒比暴风联系在一起。无论懂行不懂行，人们都会说牙买加的蓝山咖啡如何如何。

不过实际情况却是：咖啡这种东西虽然在美洲的名气很大，但在历史上，咖啡树苗被运到南美距今还不到300年。北美大陆或许早些，但也不超过400年。

在世界史上，400年又算什么呢？不过是弹指一挥间。区区几百年，不够物种的一次演变。然而这种奇怪的黑色饮料却以其独特的魅力，甚至可以说是魔力，收获了世界上一大批人的心，把他们牢牢地捆在了咖啡杯的旁边。

无论是在米其林三星餐厅还是在街边的快餐店，西方世界似乎已经被咖啡统治。美国人嘲笑欧洲人的繁文缛节，欧洲人则说美国人的冰咖啡完全就不能算是饮品，然后大家再联合起来，去嘲笑那些世界级快餐连锁店里的咖啡喝起来一嘴纸味……之前看过一幅漫画，上面画的就是一个打着吊瓶加班的人，吊瓶里不是营养液，而是这种充满魔力的黑色液体。

咖啡、茶和可可，被称为世界三大无酒精饮料。

然而咖啡的故乡，却并不在南美，而是在非洲。

> 即使所有的专家都一致赞同，他们也可能都错了。
>
> ——伯特兰·罗素

对于一种植物性饮品，想要追根溯源，最后势必会延伸到进化论的范围内。因此那些凡是没有正史记载，只是每每流传于外地人和导游口中的故事，都只不过是旅游时佐餐的传说罢了。严格说，即使是有正史记载，我对于这种正史的可靠性也很是怀疑。谁会特意在正史里记载张三家发明了烤猪，李四家发明了茶叶呢？发明这个词，本就是伴随着工业革命才兴起的一种概念。保护了知识产权，才能鼓励发明家的积极性，从而让他们把注意力转移到提高工作效率的方法上来。在此之前的发明，多是作为一种历史事件而存在。就像我们说到中国古代的四大发明，又有哪个是能够准确无误地追溯到具体的人呢？几乎都是在前人的基础上改进完善，最终在某个人手中集了大成吧。

工业时代之前的发明，多是这样含混不清的，这个规律在全世界范围内通用。

所以，关于埃塞俄比亚究竟是不是咖啡的故乡，目前也有好几种说法。

最常见的说法，也是最为有板有眼的说法，是说埃塞俄比亚的一位牧羊人在卡法省放羊的时候，忽然发现他养的羊在吃了一种红颜色的果子之后，活蹦乱跳，疯疯癫癫。他很好奇，就自己试着采了一些红果子回去熬。结果没想到熬出来的水很香，喝下去还能振奋精神。于是他就把这种饮用方法正式固定下来。因为是在卡法发现的，所以就此起名为"咖啡"。而这个时间，大约是公元500年的时候，距今1500多年。

这个说法之所以有很大的市场，一方面是因为卡法出的咖啡确实不错，另一方面也是因为咖啡的读音的确和卡法很像。

不过这个故事真发生在卡法吗？也门人说，很久很久以前在也门有一个牧羊人，他也养了一群羊，羊也从灌木上吃了些红色的浆果，然后这些山羊同样变得兴奋不已。区别在于，卡法的牧羊人是自己尝了尝咖啡，而也门的牧羊人则把这件事报告给了修道士，由修道士最终提炼出一种能够提供给人活力的饮料。

牧人

还有一种说法，和埃塞俄比亚或是也门都没有关系。有人说，最早是非洲土人发现了这种植物。土人采摘下咖啡豆，把它磨碎后与动物脂肪混在一起揉成丸子。这些丸子专供战士们使用，出征前吞下去，有种类似于"狂暴术"的作用。

说到法术，自然会和巫师联系在一起。就像全世界的所有同行一样，巫师们很快就发现了这种天然的神物。所以他们把这种饮料列为"神的恩赐"，只有最虔诚的战士才有可能使用。

咖啡这种风靡世界的玩意儿，原产地究竟在哪儿其实也没那么重要。只是人们喜欢往往享用来自源头的东西，认为那比较正宗，至少在大工业时代，我们买的往往不是商品而是商品背后的故事。"不是每种牛奶都叫特仑苏"，人们买牛奶时相当于买进的是品味和格调。依云的矿泉水未必就真值好几十元，只是其法国血统和人造的传说给它瓶子上镀了厚厚一层土豪金。

咖啡也如是。速溶咖啡背后没故事，自然格调最低。星巴克有小资风，却为行家所不喜。蓝山和猫屎哪个味道更妙？答案见仁见智，只是二者的售价都不便宜，当然这是因为背后都有各自的传奇故事。不过如果单纯从口味上来划分，咖啡却是一个非常个性化的饮品，每个人对口感的酸度、醇度、气味或者苦味都有不同的要求，很难有个统一的标准。

当然，如果硬要划分，可以以价格来作为评判标准。但对不懂行的人来说，并不是所有出现的咖啡都像超市那样贴着价签。如果是套餐里配的咖啡，或者宴会上遇到咖啡怎么办？能喝出差别，却完全不知道好坏，这时候该怎么判断？一个小诀窍就是，通常100元一份的套餐里的咖啡一定比50元的好，金边骨瓷咖啡杯的咖啡一定比纸杯的好，名人招待的咖啡一定比邻居的好。

这是因为咖啡的味道虽然没有一定之规，但咖啡的品质与其饮用器具和方法却都还有高下之分。很多时候，人们喜欢把欧洲标准作为咖啡的饮用规范。就像比利时皇家咖啡壶，被认为是把冲咖啡变成了一个创作的过程。然而需要注意千万别装过了头的是，整个欧洲对于咖啡的喜爱加起来不过也只有400多年而已。在此之前，欧洲人还不知道这种黑色的液体究竟是何物。

埃塞俄比亚人对咖啡的喜爱，并不体现在满街的咖啡馆上。或者说，在亚的斯亚贝巴的街头，并不会看到太多的咖啡馆。那里不是塞纳河左岸也不是威

TOMOCA咖啡店内摆放的咖啡豆

尼斯小镇。和人们想象中不同，亚的斯亚贝巴并不以餐饮文化而著称，人们也没有足够多的空闲时间来把饮食升华成艺术，更不会把吃饭和喝咖啡都融入血液让它成为自己生命的一部分。

虽然埃塞俄比亚咖啡很有名气，卡法也甚有可能是咖啡的故乡，但在亚的斯亚贝巴，咖啡馆的数量并不太多，在感觉上它们承载了很大一部分社区活动站的作用。这种交际方式，在过去的广式茶楼或是现在的中东地区见的会多些。大家在这种咖啡馆里喝咖啡、聊天、抽烟，或者干脆就是为了放松一下心情。没有人是真正冲着那浅浅一杯咖啡而来。

这倒也符合传统西方社会对咖啡馆的定位。一边想着，我一边端起面前的咖啡，漫不经心地喝了一口。

一股极其浓烈的酸涩和苦味，猛然冲破味蕾的限制，从舌根蔓延开来，几乎冲到眼眉之间。那种焦糖般的黑色，仿佛印染在舌头上，持续不断地向内浸蚀。一小杯咖啡，那种苦味、炭烤味，还有一种独特的香料味道，仿佛凝固成固体，贴在口腔黏膜之上，让人每一次卷舌，都会体会到这种味道，像最新鲜的泥土，又好似最苦涩的汁液。

呀呀呀，这酸爽……无人能及啊。

即使以我这样喝咖啡从不加糖和奶的人都忍不住加了半勺糖。与它相比，意式特浓只是清水。

我知道，深度烘焙过的咖啡，其苦味是需要特意调配的。而大多数情况下咖啡的苦味，却只是单纯因为水放太少，咖啡粉放太多罢了。

我怪责导游：你推荐的这家咖啡馆，咖啡也太浓了吧！我们中国有句老话，叫打死卖盐的。你们这里是要打死卖咖啡的啊。来来来，带我看看，这黑店把尸首藏哪儿了？

他很惊讶地说：啊，有吗？是有点儿苦啦，不过还好啊，喝慢点儿可是很好喝的呀。这家可是我们这里最出名的咖啡馆呢。

好吧，这点我承认，看看四周围各种咖啡器具的摆放，还有天平什么的。这家咖啡店像中国过去的国营粮店一样，把袋装的咖啡豆像堆面粉口袋一样从地上堆起来老高。而且最重要的是，袋子都很小，里面肯定装不下死尸。

这种财大气粗般的粗犷，让我对其平添了几分信心。不是因为导游和我说的"最出名"，而是因为我之前在塔纳湖畔喝到的一杯咖啡，也是同样的苦。

212

静坐冥想带来智慧，缺少冥想必定无知。要明白
是什么使人前行，又是什么使人后退。

——佛陀

那天的塔纳湖，因为刚下完雨，空气中弥漫着一股植物混合着泥土的味道。随着太阳不断升起，气温越来越高，湿滑的泥路开始结壳，蚂蚁搬着食物，顺着泥纹结成长龙，浩浩荡荡像行军一样。

路边有一个咖啡摊。

之所以用"摊"这个字，是因为那就是个像茶寮一样的小店。破旧的席子

小摊上的多彩头巾　　　　　　　　雨后塔纳湖附近的蚂蚁在行动

搭在几根木桩上，取个遮风挡雨的意头，眼见得还有水珠从席子缝里滴下来。桩子也不高，成年人进去要略略弯下腰。一个看不出多大年纪的女子正坐在里面，静静地看着面前的炉火。

绿蚁新醅酒，红泥小火炉。晚来天欲雪，能饮一杯无？可见要想喝出意境，这天气万万不能好——像今天这种大太阳地，响晴白日，再好的东西也喝不出氛围。好在之前还有场雨，不然的话，我可能真没心思走进去喝一杯了。

咖啡没有明码标价，但通常来说时价就是10元钱。当然喝完后如果觉得一切都好，喝爽了喝满意了，多付一些也可以。要是一时囊中羞涩没那么多钱……这个我还真没碰到过，不知道妇人是会拉下脸追讨还是会大方地挥手挂账。但10元钱也不多，我这一路还真未曾发现过企图赖账的人。

这样的咖啡棚，在埃塞俄比亚很常见，远比街边的咖啡馆更为亲民。当然，这样的摊子这样的环境，很明显不是为了游客而准备的。据我观察，很多本地人都会时不时地在这里坐下歇歇脚，来杯咖啡聊聊天。不过那天或许是因为刚刚下过雨的原因，没有多少人在那个时候出来奔忙，小咖啡摊的生意显然有些冷淡。

妇人对我的到来显得很是高兴。她很殷勤地帮我拉开小凳子，示意我坐下，慢慢品尝她的咖啡。

青尼罗河瀑布附近头顶物件的女子

咖啡粉被放入铜壶里，壶显得有些陈旧，在火光下发出一种岁月的光泽。不干净，带着几分烟火的颜色，外面还有些炭灰。当然，咖啡杯也干净不到哪里去。不像咖啡馆里那些被洗碗机洗得吱吱作响的杯子，这里的器具无论怎样看都已经用过很多年。

她把铜壶搁在小火炉上，等着水沸腾。火苗轻轻撩上铜壶的边缘。与此同时，她在旁边点燃了几根不知名植物的枝条，袅袅的烟雾伴随着香气飘散出来。

原来就是这种香味啊，无论是城市还是乡村，我常常在空气里闻到一种淡淡的香。我曾以为是花香或草香，没想到原来是这种树枝燃烧的味道。它不同于之前在桑给巴尔岛闻到的那种香料——那香料过于浓郁了，浓情似火。这种味道却是淡淡的，让人乍一闻到几乎无法判断是从哪儿飘来的。

埃塞俄比亚女子大多体形纤巧，她也不例外。细细的手臂托着下颌，一张面纱罩住脸庞，只露出双眼。人坐在席子下，阳光从席子间洒下来，洒在面纱上。火光却从另一个方向射过来，让她的面纱变得半透明。那双眼睛在火光和日光的双重照耀下，很是明亮。

很快，咖啡煮好了。和其他传统埃塞俄比亚咖啡的煮法一样，这杯咖啡并不多，只有小小一杯。杯中的液体很是稠软。这种传统方法煮出来的咖啡是不经过过滤的，煮剩的咖啡粉会像黑色的砂金一样，缓缓沉入杯底。

很难形容这杯咖啡的真正味道，毕竟，人的记忆永远是一个整体。声音、图像、味道和触感共同组成了大脑中一幅记忆画面。脱离了当时塔纳湖畔的泥土和烈日，单独说咖啡的味道，未免太孤立而片面。

香气，或许是个重要原因吧。在埃塞俄比亚喝咖啡，熏香是必要条件。无论是大酒店还是小咖啡厅，在煮咖啡时都要有这种如有似无的香气。

为什么一定要熏香？我问煮咖啡的女子。

她很茫然地说：不知道，从小家里人就是这样煮咖啡的。无论如何一定要点香的。

熏香，常常和宗教联系在一起。

且不论前面说过的，土人们把咖啡与油脂混合在一起，做成丸子，供给那些对神最虔诚的战士服用，也不说那个或许存在或许不存在的也门传教士，只说咖啡在世界上的传播，就与宗教分不开。

在埃塞俄比亚军队通过入侵把咖啡带入阿拉伯世界之后，有人提出来，咖啡这种饮料和酒一样，都刺激神经，违反了教义，所以都应该被禁止。于是整个阿拉伯世界曾经一度禁止并且关闭了咖啡馆。直到埃及苏丹发表公告，认为咖啡不违反教义，从此咖啡才在阿拉伯地区流行开来。不过这种流行，也仅仅局限于医学和宗教上，而且把咖啡大量用于各种宗教仪式。

或许，这种对宗教的影响，又在某种程度上回溯影响了埃塞俄比亚吧。在咖啡馆的墙上，我曾经看到过几张招贴画，上面画的就是各种传统的咖啡饮用方式。人们围坐在火堆旁边，或欣喜或悲伤，展现出一种宗教集会的样子。不知道为什么，让我想起了那幅著名的《最后的晚餐》。我仔细观察那张招贴画，想找到里面是不是有某人的表情怪异，手里还攥着一把银币。还好，画很粗糙，看不清楚。

在咖啡的故乡，想买咖啡却并不是那么容易的事情。按照埃塞俄比亚海关的规定，每个人离境时能携带的礼品不能超过一定金额，否则会被没收。这就决定了即使是再酷爱咖啡的老饕，也无法带大量的咖啡出境。想买？请精算一下自己能携带的物品上限。

在超市里买到的咖啡，往往包装都比较简陋。在包装袋上会印刷着诸如"出口品质""质量一流"之类的宣传语。然而其质量究竟如何却不得而知。这有点儿像早年间中国超市里卖的货物总喜欢在上面印着"省优、部优、国优"或者"国家免检产品"一样。印是印了，可谁要是真相信这些东西，就是自己把自己带到沟里去了。

虽然从理论上来说，埃塞俄比亚每年都要经由专门的委员会来给咖啡分级并出售至世界市场，然而对其国内的内销品牌来说，是否能够严格遵循这种咖啡分级标准，就不可知了。

在我从超市的货架上划拉了几大袋不同品牌的咖啡放进购物车后，导游走了过来。看到我车里的咖啡，大惊失色，问：你这是干什么？

我说：买咖啡。既买我自己喝的，也要给朋友带点儿。都说埃塞俄比亚咖啡好喝，我总要尝尝它有多好。

他说：那你不要在这里买。我带你去全亚的斯亚贝巴最好的咖啡馆。

我说：好。

于是我们就把购物车一扔，去了那家小咖啡馆。

然后我喝到了那杯有生以来从未尝过之浓烈的咖啡。

从一个国家的广告可以看出这个国家的理想。

——道格拉斯

　　那天，我从国营粮店一样的咖啡馆里买了一些咖啡出来。路上我和小导游说：这些咖啡真够劲儿！相比之下，我的速溶咖啡都要扔掉了。

　　速溶咖啡？他看起来很迷惑，问：那是什么东西？

　　我很惊讶地反问：速溶咖啡你不知道？雀巢你没听过？雀巢不知道，那麦氏总听过吧？里面有糖和奶的那种一冲就能喝的咖啡，你没见过？

　　最后，在他茫然和期待的眼神里，我把背包里仅有的几袋速溶咖啡都塞给了他。他非常高兴，拿着咖啡袋仔细研究，然后不停向我道谢。

　　后来有朋友听闻此事，长叹一声说，没想到你这样的老油条也会被骗啊。这不就是变相要好处吗？你这一路斗智斗勇，没想到最后晚节不保。他个做导游的，怎么可能长那么大连速溶咖啡都没见过啊！你去的又不是原始部落……

　　我却不觉得自己被骗。因为仔细回想，无论是酒店还是超市，无论是城市还是乡村，无论是南部还是北部，无论是湖区还是高原，我都从没看见过任何速溶咖啡的影子。或许在这片东非高原的土地上，就是没有速溶咖啡存在吧。就像这里的咖啡不习惯加糖和奶，它也固执地排斥着一切属于西方文明速食文化的侵蚀。它更欣赏那种在喝咖啡的时候要慢慢地冲沏并等待的方式，在熏香和烟雾中寻找传统宗教般的洗涤与升华。相比之下，在工业化的浪潮里，这里的咖啡还保持着近乎手工作坊式的态度，无论是制作还是饮用，都顽强地坚守着一种虔诚。

　　就像香格里拉的归属，在中国最终是以各个地方政府之间撕破脸打官司的方式才尘埃落定一样，咖啡的原产地之所以众说纷纭，各个地区和国家间吵来吵去，背后潜藏的自然也是无所不在的经济纷争。但相较被神化了的猫屎和被格调化了的蓝山，我更喜欢手工淳朴的埃塞俄比亚咖啡。所以若我来选，我会相信这里才是咖啡的故乡。因为在咖啡煮开的香气里，我嗅到了坚持、虔诚和感动。

18
Eighteen

龙在非洲

在这个世界上最善于背井离乡然后落地生根的，我觉得并不是犹太人，而是中国人。

　　行走于世界各地，似乎总能看到中国人的身影。也许在某个不经意的街头巷尾，就可以看到一句中文写的祝福。或者在某个人潮如织的十字街头，会看到悠然探出的一面酒幌。也许是店老板在后厨门外的几句低声抱怨，也许只是小卖店角落里的油盐酱醋……在外人看来很难理解的是，中国人似乎总是能在最快的速度里把其他的中国人认出来。那是一种文化上的认同，是一种内心的相似相近。

　　在其他更具有特色的特质上，这种认同更为明显，尤其是在中餐上。这种味道层次丰富多样，口感分明却又辩证统一的绝妙美食，我相信它是玉帝对中国的厚赐，也是中国人走遍世界的天赋技能。任何一个中国人，或者只要看起来像中国人的人，就天生地能够博取外国人在美食领域里的钦佩之情。其他任何国家的人都没有这种先天的种族加成。你不会相信一个意大利人天生就会做比萨，也不会相信一个德国人自然而然就会炖猪脚。但如果一个中国人忽然站出来说要为你做道麻婆豆腐，你绝不会觉得很意外，而且通常你也都会相信他确实做得不错。

旅途中的一次烛光晚餐

我吃过最有创意的中餐是在德国法兰克福。一位远嫁德国的重庆妹子，为了抚慰我的思乡之情，决意给我做炸酱面吃。但是没有五花肉也没有干黄酱，加上没有切面，她就用肉馅、酱油和通心粉帮我做了份特别有意思的炸酱面。吃着黄瓜丝做的菜码，我觉得这是我吃过最有心思和创意的炸酱面。

当然，我也吃过超级不靠谱的中餐。同样是炸酱面，却是在阿姆斯特丹。当那份装在盘子里的炸酱面被端上桌时，所有人都面面相觑：我们没有点过鱼香肉丝啊！直到后来跑堂的无比确认地告诉说全餐厅只有我们点了炸酱面后，我们才不得不承认，这个稀奇古怪的菜原来就是期待已久的炸酱面。

好吧，我承认，这些经历唯一能说明的就是我是个很纯粹的炸酱面控。

要这样生活，仿佛你寿命永恒；要这样工作，仿佛你精力无穷。

　　　　　　　　　　　　　　　　　——波恩哈特

　　这次去非洲之前，很多朋友都用很怜惜的口气告诉我说：准备减肥吧，非洲可没什么中餐给你吃。

　　我那已经被中餐惯坏的胃直接跳过大脑进行了反驳：谁说的？谁说的？主席都访问非洲了呢。

　　其实我心里很悲哀地知道，恐怕事实果真如此。

　　在我的感觉里，非洲的中国人应该很少，中餐馆也应该少得可怜。但事实上，是我错了。

　　中餐馆的确是不多。在南非，除了某些大城市，你很难在小地方找到中餐。大地方的中餐也大抵已经变异，可能只有云吞还依旧有着几分广式的意思。而且这样的中餐馆往往是周围很大一片区域内的孤独一枝。

　　等到离开南非，再想看到中餐馆就变得异常困难。尽管有些时候，你会怀疑那些给你做饭的厨子有着一丝中国血统，但不得不说，不要讲中餐，就算是筷子都少见得很。这一路我直到维多利亚瀑布才见到筷子，而且还是给日本人准备的，上面写着"御割箸"。

　　因此我就有了一个推论：这些国家的中国人一定很少。

　　但是"非洲之傲"的列车长告诉我，你错了。虽然没有官方统计数据，但这些国家的中国人真的不少。

　　那天，我和列车长坐在火车最后面的雪茄车厢。他美美地抽着大卫杜夫牌的加粗雪茄（来自杜夫先生的私人馈赠），品评着大卫杜夫与罗密欧5号的优劣差别，偶尔再聊聊哈瓦那卷烟女工的大腿，日子过得相当惬意。

　　然后他问到我的签证问题。

　　我感到莫名其妙，说：没问题，所有签证在中国就已经都签好了。虽说有的国家签的是单次往返，但至少入境是没有问题的啊。

　　我以为这几天又有了什么新规定，结果列车长摆摆手，说：这倒不是，主要是我刚刚想起来，你的签证要是没有签，还真有点儿麻烦呢。

我很好奇地问：什么麻烦？

他叹了口气说：以我们和各国移民局的关系，只要护照合法，我们就能在边境把签证给签下来，那些移民局的人都是现场办公，从来也没有说还要多少多少工作日审批之类的破事。不过，印度人和中国人的签证我们就无能为力了。

我当即大怒。"种族歧视"这个词在嘴边盘旋很久，最后真是没忍住啊。你说你要是个老牌布尔人什么的，我都认了。可你是个纯黑人啊，居然说什么印度人和中国人就无能为力了？难道你还歧视我们不成？

他听我说起种族歧视，反而哈哈大笑，说：你以为我这是歧视你们？天哪，真不是啊。我这是在羡慕啊。你知道他们为什么不给中国人和印度人落地签吗？因为他们怕根本控制不住中国人流入国内。而他们国家那些人啊，懒得很，不爱劳动，又不喜欢学习。要是任凭中国人随意来往，用不了多长时间，他们国家那些人就全饿死了。

我很惊讶地问：这么说来，那边有很多中国人了？

列车长点点头，说，是啊，其实在非洲的中国人很多的。在每个国家，中国都有自己的使领馆。基本上每个国家的建设，都有中国人的介入。中国人很好，他们做活儿比当地人好很多，也认真很多，还没当地人那么多的毛病……

这时我才知道，原来中国人在非洲，已经成为隐隐能够影响民间局势的一股力量。

但那些是什么人呢？出发来非洲的时候，我搭乘埃塞俄比亚航空的飞机。从首都机场出发的时候，满飞机都是中国人。然而到了亚的斯亚贝巴转机之后，这些中国人就此不见了踪影。他们就像落入海绵的水滴，通过那些看不见的孔洞，迅速被消化，然后消失。

在桑给巴尔岛，是我这次旅程中第二次大规模看到中国印迹。

此前，尽管坦桑尼亚是我们历史悠久的友好邦国，尽管坦赞铁路基本上都是中国专家援建而成，但我毕竟没有眼见一个挂着中文招牌的公司立在马路上。不像在哈瓦那，满街的宇通客车和奇瑞QQ，还有路边动辄就挂着中文招牌的公司，让人很难有异国他乡的感觉。

而在桑给巴尔岛，我看到了。

还记得岛上那座正在修建的豪华宾馆吗？据说里面的房间要比赛琳娜更多更好，楼也要比赛琳娜更高。整个外墙，要用和石头城建筑风格一致的白色材料。里面要有更现代化的设施，至少不会让客人上顶楼观光的时候还爬楼梯去……

工地的门紧锁着。在外面的围栏上，我看到了中国建筑公司的名字。

尽管之前从来没听说过这家建筑公司，但这丝毫没有影响我看到它时的兴奋与感慨。好歹也是建筑公司啊。我不希望我的同胞们来到非洲，占据了社会构成中很大一块之后，所做的不过是卖苦力，成为挣非洲钱的洋民工。

就算是卖力气，自己人抱成团弄个公司，挣得也比当小工强。

那天据说是坦桑尼亚一个什么节日，所以市民们都可以悠闲地在家放松，而公司则被禁止开工。所以我没有能够亲眼看见工地里工作的都是什么样的人。但是那些熟悉的名字、标语和口号，让我相信，这一定是一家纯粹的中国建筑公司——不是所有的建筑公司都会在墙上写"大干快干××天"的。

我很后悔的是，因为当时人在车上，所以没能把那家公司的名字照下来。以至我在说到在非洲的中国人的时候，总是无法很妥当地举出例子来。

但很快，我就知道，非洲人才不会管你是什么"中铁一建"还是什么"淮海二建"……他们说起来，统称就是：中国的建筑公司！

224　　　　　　人们时常问我是否晓得成功的诀窍，能否告诉别人
　　　　　　　　怎样使他们的梦想成为现实。我的回答是：身体力行。

　　　　　　　　　　　　　　　　　　　　　　　——沃特·迪士尼

到埃塞俄比亚的第一晚，天已全黑。摸着黑，我们把车子开到酒店。道路虽然崎岖，却不颠簸。导游和我承诺，明天一定是个好天气，因为只有好天气才能看清亚的斯亚贝巴的全貌。

尽管此承诺在逻辑上很混乱，但第二天的确是个好天气。驱车在亚的斯亚贝巴的街头，天气不冷不热不干不湿，非常舒服。就连道路也那么舒服，让

人有一种淡淡的回家的感觉。虽然没有来过此地，但那种熟悉感似乎扑面而来啊。就像在晚高峰时回家的车流里，你完全不必想该怎样规划路线，只是信马由缰，任凭那种熟悉的感觉把自己带回家，而家里此刻正亮着暖暖的灯光，飘着饭菜的香味。道路那种熟悉的颤抖，路旁那熟悉的建筑和电线杆……

不过这是在埃塞俄比亚啊。我猛地醒过味儿来。

导游看着我乐，说，这些路，都是你们中国人帮忙修的呀。

我惊讶地指着车旁那广阔宽敞的环路，说，这条路？

他点点头说，对，而且不只是这条，旁边的那些直路也是。

然后他又指着远处一座看起来很像联合国大楼的扁盒状建筑说：看那个，那个是非盟总部，那个也是中国工人修的。

还有这个，还有那个……他越指越多。感觉身边那些看似比较现代化的建筑都被他指了个遍。

我拍拍他，打断了他继续指点城市的努力，说，那好，我们现在就去非盟总部看看。

他耸耸肩，说，这没问题。不过这两天非盟在开会，进不去。

我说，这没关系，你只管去。

车子到了非盟楼下，果然在开会，不允许进入。我就让车子在外面转了转，感觉自己好像回到了刚刚建成时的国贸：楼很漂亮也很现代化，各个出入口设计得都很合理。但是在院子里，却散落着一些碎砖块。院外的马路上，一些建筑垃圾和生活垃圾被弃置在路旁。风吹过，路旁挂着的标语呼啦呼啦地响。

这里真的在开会吗？一瞬间，我忽然有了些怀疑。

225

在回程的路上，我看到在街头正在进行施工，看起来像在修地铁或者过街通道。但因为某种原因，工地正在返水，水返流得到处都是。很多埃塞俄比亚人都远远地绕开水区。

导游对我解释说，埃塞俄比亚人非常重视自己的鞋子。他们每个人都会以能够拥有一双属于自己的好鞋子为荣。所以平时没事的时候，他们总是喜欢打理自己的鞋，把它弄得一尘不染。即使是最穷的人，也会每周拿出点儿小钱，去外面街头的擦鞋摊把鞋子擦净。

车子经过工地，我可以看到里面工人的脸庞。不用说，这同样也是中国的

途中见到的当地人

埃塞俄比亚一处房屋

建筑公司。车速很快，我没能看清更多细节，只能看到他们每个人都踏在污水里，正在奋力地搬动些什么。鞋子，自然泡在水里。水很脏，看不清鞋子的样子，不知道是胶鞋、皮鞋，还是布鞋。

之前我看过很多的非洲人。他们都打着赤脚，尤其是小孩子。可能鞋子在某种程度上是奢侈品吧。他们的脚已经锻炼得坚韧无比，脚底的老茧很厚，即使在石子路上也能健步如飞。

繁华的地方，穿鞋子的人会多些。不过那些鞋子都略显破旧，而且并不合脚。他们说，鞋子多是援助来的旧鞋。过来的时候完全是做善事，没有给钱。卖出去的时候也只收很低廉的价格，所以很多人的鞋子，其实并不合脚。只有那些最爱美的女孩子或是城里人，才会给自己精挑细选一双合脚又漂亮的鞋子。

导游没有看出我在盯着街边行人的鞋子，反而觉得我对这些建筑物比较感兴趣，于是路上一直在和我介绍：旁边这座看起来就高大上的小区，是当地著名的富人区，这个是中国的路桥公司建的；旁边那个，自然也是……

我的思绪，却渐渐飘远了。

> 人生应该树立目标，否则你的精力会白白浪费。
>
> ——彼得斯

我以前就知道，每天晚上，在首都机场3号航站楼里都有一大群衣衫破旧、皮肤黝黑的人等在国际出发区。他们守在埃塞俄比亚航空的柜台前，神色焦急，又充满着期待。

我以前就知道，中国一向和埃塞俄比亚关系很好。现在更是开展了官方、民间各方面的合作，大量的贷款与合约涌入埃塞俄比亚的基础建设。

赤脚的小孩子

我以前就知道，很多中国人去了非洲都发了点儿小财。中国人的勤奋，让他们可以很快就在当地站稳脚跟。活络的头脑，敏锐的眼光，这些都能保证中国人始终比当地人更快一步。

我以前就知道，很多中国人在非洲赚了钱后，干脆就在当地扎下根去繁衍生息。他们在中国可能不过是很普通的体力劳动者，但是在非洲，说不定却可以跻身于中产阶级的阶层。如果能够自己努努力，脑子再活一点儿，说不定还能混得风生水起，成为当地的头面人物。

我以前就知道，很多中国人在非洲过得真心不错。在某些国家，1000元人民币就可以很轻易过上小资生活了。而他们每个月的收入，至少也是将近10000元。

但是我真不希望，我的同胞们向非洲输出的，几十年来永远是这些体力劳动。非洲人自己不愿意做、懒得做或者不屑于去做的工作，我们去做。西方人做不了、做不来、觉得做了亏本的工作，我们去做。这样多傻。

我真不希望，我们的同胞去做那些本来就应该是当地人做的工作。而且做了之后，还无法得到感激。他们会在口头上说，呀，谢谢你们的无私援助，我们永远是好朋友呢！但然后呢？然后就是全世界人都可以去自己的家里坐坐，唯有好朋友不行。因为好朋友太能干了，他如果来了，就可能会让自己家人没事可干，尽管这些活儿可能摆在那里，如果好朋友不来永远也没人干。

中国人，无论在哪里都是勤劳勇敢的代名词。他们从来不怕起五更睡半夜，也不怕辛辛苦苦远渡重洋。甚至在遭遇到了其他人都难以忍受的苛责或歧视后，他们仍然会笑脸盈盈，做好自己的本分。

在非洲的中国人的确是一个很大的团体。他们中或许有些人有了些地位，有了自己不错的小日子，但其实说起来，他们的日子究竟是好是坏，恐怕只有他们自己能评判。

就像我在南非比勒陀利亚大学碰到的一位大学教授，聊天时说起非洲的各个族群，她曾经说过，华人从几个世纪之前来到非洲，经过努力打拼，已经形成了一个华人阶层。但这仍然是一个小众阶层，无论是在政治层面还是社会生活上都没能做到完全融入。这就是为什么在开普敦的建成史上华人出了很多力，但最终没有什么人记得他们存在的原因。这或许也是全世界华人圈的一个

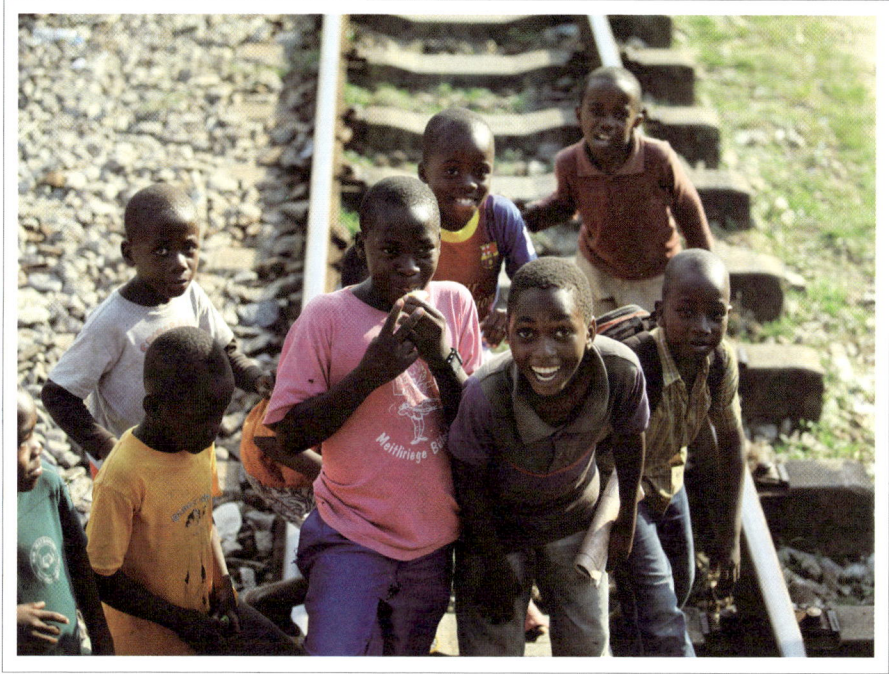

活泼热情的孩子

共同特点吧：向心力强，勤劳勇敢，但是在某些方面略显迟钝。

过了几天，当我离开埃塞俄比亚的时候，我又看到了当时接我的那个导游。他说，中午他替我安排了中餐。

我们到了一家中餐馆。很中式的安排——时间已晚，客人已经很少，老板娘自顾自地拉了几个人一边嗑瓜子一边打麻将，见我进来随手拿起玻璃杯倒了杯劣质花茶给我，旁边的电视机里放着CCTV国际台的节目，墙上挂着画有"一帆风顺"和"鹏程万里"的玻璃框挂画。我就在餐馆的另一端，翻开一本红色塑料皮的菜单，上面有红红绿绿的饭菜照片和价格。除了餐费以比尔结算以外，其他的都和上大学时学校门口的小铺子一模一样。

　　不管如何，饭菜的味道还挺地道，和小铺子的味道也一模一样。据导游说，这家餐馆在当地基本上属于高档餐厅了，别看建在工地附近，却只有有钱人才会来吃。

　　只是看着店里正在努力打牌的老板娘，看着熟悉的中央电视台，吃着好几个月都没吃到的中餐，却总觉得不是味道。

　　或许，只因为我是一个纯粹的炸酱面控吧。